J. M. Lempertz

Katalog der ausgewählten und reichhaltigen Gemälde-Galerie

des Rentiers Herrn Alexis Schönlank zu Berlin

J. M. Lempertz

Katalog der ausgewählten und reichhaltigen Gemälde-Galerie
des Rentiers Herrn Alexis Schönlank zu Berlin

ISBN/EAN: 9783743451445

Hergestellt in Europa, USA, Kanada, Australien, Japan

Cover: Foto ©Thomas Meinert / pixelio.de

Manufactured and distributed by brebook publishing software
(www.brebook.com)

J. M. Lempertz

Katalog der ausgewählten und reichhaltigen Gemälde-Galerie

KATALOG

DER AUSGEWÄHLTEN UND REICHHALTIGEN

GEMÄLDE-GALERIE

DES RENTIERS HERRN

ALEXIS SCHÖNLANK

ZU BERLIN.

HERVORRAGENDE GEMÄLDE ÄLTERER SCHULEN, DARUNTER VON ERSTEN MEISTERN DER NIEDERLANDISCHEN, DEUTSCHEN, ITALIENISCHEN UND VLAMISCHEN SCHULEN DES XV. BIS XVIII. JAHRH.

VERSTEIGERUNG ZU KÖLN

DEN 28. UND 29. APRIL 1896, NACHMITTAGS 3 UHR PRAECISE

DURCH DEN KÖNIGLICHEN NOTAR HERRN

JUSTIZRATH A. SCHAEFER II ZU KÖLN

UNTER DER LEITUNG DES HERRN

HEINRICH LEMPERTZ JR I. F. J. M. HEBERLE (H. LEMPERTZ' SÖHNE) ZU KÖLN

IN DESSEN GESCHÄFTSLOCALEN, BREITESTRASSE 125–127.

BEDINGUNGEN SIEHE UMSTEHEND

BESICHTIGUNGS-TAGE: SAMSTAG DEN 25., SONNTAG DEN 26. UND MONTAG DEN 27. APRIL 1896
VORMITTAGS 9–1 UHR UND NACHMITTAGS 3–6 UHR

KÖLN. 1896.

Eine hochbedeutende Sammlung [illegible] **Gemälde älterer Meister**, hauptsächlich der Niederländischen Schulen [illegible] deren Inhalt der vorliegende Katalog eingehender beschreibt, eine Gemälde-Sammlung, zusammengebracht mit feinem Geschmack und idealstem Kunstsinn, gepaart mit einem tiefen Verständnis für die Schöpfungen vergangener Malerschulen.

Besondere Verhältnisse, zu denen als Hauptbeweggrund ein durch Krankheiten nothwendiger Domicil-Wechsel nach dem südlichen Klima [illegible] kam, veranlassten den Besitzer, den der bekannten hochangesehenen Alt-Berliner Familie angehörigen Rentier Herrn **Alexis Schönlank**, sich von den ihm so lieb gewordenen Kunstschätzen zu trennen. Muss er auch schweren Herzens an die Ausführung seines Entschlusses gegangen sein, [illegible] wird ihm doch der Gedanke nicht ohne Trost lassen, dass es ihm gelungen [illegible] G[illegible] schaffen zu können, die in den ersten Reihen deutscher Privat-Sammlungen mit vollem Recht genannt werden kann, und muss Herrn **Schönlank** dürfte es als eine gro[illegible] Anerkennung seiner Bemühungen und seines Strebens erscheinen, [illegible] die bedeutendsten Autoritäten auf dem Gebiete der Kunstforschung der alten Malerschulen, ich nenne in allererster Linie Namen, wie Geheimrath Dr. Bode, Direktor Dr. A. Bredius, Direktor Prof. Dr. von Tschudi, Direktor Dr. H[illegible] G[illegible] A[illegible] gerne seiner Einladung zum Besuche seiner Sammlung folgten, um dann auch mit dem Besitzer ihre Ansichten und ihre Meinungen über [illegible] Autorschaft der [illegible] Bilder [illegible]. Von den ihm auf diese Weise zu Theil [illegible] Kenntnissen und Belehrungen hat Herr **Schönlank** [illegible] dem vorliegenden Katalog [illegible] Ausarbeitung [illegible] grossem Vergnügen den regsten Antheil nahm [illegible] gemacht [illegible] dass mancher dem Bilde bis dahin beigelegte hohe Klang [illegible] Kunstwerk keineswegs ungerechtfertigte Name der Bestimmung [illegible] Meisters hat weichen müssen. So darf das allgemeine [illegible] der Sammlung [illegible] Benennung der Meister mit vollstem Rechte [illegible] werden [illegible] einer Anzahl von Schöpfungen erster Meister [illegible] Werken zweiter Meister in einer solchen [illegible] Schönheit [illegible] öffentlichen Galerien kaum ihres Gleichen finden [illegible] Erhaltung

Der K[illegible] den Gedanken [illegible] die Erinnerung [illegible] gen Galerie [illegible] Abbildungen [illegible] ausgestattet [illegible] [illegible] Beachtung [illegible] geben [illegible] der Eindruck [illegible] der deutschen Kunst Kritiker Professor **Ludwig Pietsch** in der V[illegible] einem Artikel über die hervorragendsten Berliner Privat-Galerieen — wie [illegible] Wesendonck, Thieme, Knaus etc. — betreffs der Galerie Schönlank [illegible] den Worten

»Ich genoss die angenehmste Ueberraschung durch die Fülle [illegible] in Bezug auf ihre Echtheit unantastbarer Gemälde von alten besonders niederlä[ndischen] und einigen italienischen Meistern ersten und zweiten Ranges, die ich dort be[illegible] Rubens, Rembrandt, van Dyck, Mieris, Ostade, David Teniers, [illegible] Cuyp, Jan Steen, Wouwerman, Ruisdael, van Goyen, H[illegible] und manche andere tüchtige heute hoch im Werthe stehende Niederländer [illegible] Bilder vertreten, um die jede Museums-Verwaltung den Besitzer beneiden [illegible]

AELST, WILLEM VAN,

geb. zu Delft vor 1626; † zu Amsterdam angeblich 1670.

1. *Stillleben.*

Auf einem Mauergesims, mit weit zurückgeschobener, breit gefranzter rother Plüschdecke steht ein halbgefülltes Römerglas mit hohem reichornirtem Metallfuss neben prächtiger Venetianerschale und grosser Perlmuttermuschel, auf der eine Fliege herumkriecht. Links liegt eine geöffnete Taschenuhr mit blauer Atlasschleife.

Treffliches Bild des Meisters, fein in Zeichnung und Ton.

Leinwand. Höhe 60, Breite 55 Cent.

AMOROSI, ANTONIO,

geb. 1660; † nach 1736.

2. *Der Guitarrespieler.*

Junger Mann, en face dargestellt bis zum Knie, in grauem Gewande und hoher Zipfelmütze, sitzt, mit vergnügtem Gesichtsausdruck die Guitarre spielend, auf einem Tische; neben ihm links liegen Kohlenstift, Zeichnungsblatt mit Blumenkranz etc.

Breit behandeltes, effectvolles Bild, in der Art des Murillo, bekannt durch das Schabkunstblatt von J. G. Haid. Meyer Allg. K.-Lex. No. 1.

Leinwand. Höhe 98, Breite 77 Cent.

APSHOVEN, FERDINAND VAN.

Maler von Antwerpen, 1630—1695.

3. *Die Mahlzeit.*

Um einen runden, mit weissem Leinentuche bedeckten Tisch sitzen drei Männer; der eine erhebt sein halbgefülltes Glas, während die Mittelfigur im Begriffe ist, einen Schinken zu tranchiren. Hinter der Gruppe steht, mit der erhobenen Linken zuwinkend, ein Bauer; links seitlich sitzt, sein Thonpfeifchen rauchend, ein älterer Handwerker, neben welchem eine junge Frau sitzt, von einem Knaben geliebkost.

Ganz im Geiste des Teniers gehaltenes, breit behandeltes Bild. Links auf einem Schemel mit dem vollen Namen bezeichnet.

Holz. Höhe 44, Breite 54 Cm.

AST, BALTUS (BALTHASAR) VAN DER.

geb. zu Middleburg, 1633 zu Delft, wo er um 1656 noch lebte.

4. *Blumenstück.*

In einem Venetianer Glasväschen steht ein farbenprächtiger Strauss von Rosen, Tulpen und anderen Blumen, belebt von Käfern und Insecten. Neben der Glasvase kriechen Heuschrecke und Eidechse; links eine Krabbe in ihrer Muschel, auf der eine Libelle sitzt.

Selten schöne Qualität des Meisters, hervorragend in der feinen Zeichnung und dem leichten durchsichtigen Colorit.

Unten links die Bezeichnung: B. vander. ast

Holz. Höhe 37, Breite 24½ Cm.

5. *Blumenstück.*

Auf einem Steintische steht ein doppeltgehenkelter durchbrochener Korb mit Blumen aller Art, auf denen Falter, Käfer und Insecten herumkriechen. Vor demselben liegen Nelke, Rose, Vergissmeinnicht, Muscheln und Schneckenhaus.

Klares, feines Bildchen.

Holz. Höhe 27, Breite 37 Cm.

AVERCAMP, HENDRIK, gen. Der Stumme von Kampen,

geb. zu Amsterdam 1585; † zu Kampen 1663

6. *Belustigung auf dem Eise.*

Das Eis des den ganzen Vor- und Mittelgrund einnehmenden Flusses, in dem links zwei Boote eingefroren sind, belebt eine zahllose Staffage von Figuren aller Stände. Zwischen Gruppen von Schlittschuhläufern bewegen sich promenirende Paare, Schlittenfahrer, Pferdeschlitten etc. Im fernsten Hintergrunde rechts wird das Ufer mit mehreren Ortschaften eben sichtbar.

In der bekannten feinen und sauberen Manier des Meisters fleissig ausgeführtes, silbertöniges Bild; auf einem Schlitten das Monogramm.

Holz. Höhe 28, Breite 42½ Cent.

BANDINELLI, BARTOLOMMEO BACCIO,

geb. zu Florenz 1493, † 1560.

7. *Die Marter des hl. Laurentius.*

In einem Hofraume, den eine grosse Anzahl Figuren belebt, wird der Heilige von Schergen auf den Rost gestossen, unter dem andere das Feuer zu schüren suchen, während das Gericht der Procedur zuschaut. Links unten ein Wappen mit Andreaskreuz und Lilien.

Interessantes, figurenreiches Bild. Durch den Stich des Marc-Anton Raimondi bekannt.

Holz. Höhe 145, Breite 190 Cent.

BEGA, CORNELIS PIETERSZ.

geb. zu Haarlem 1620; † daselbst 1664.

8. *In der Schenke.*

Als Hauptgruppe rechts im Vorgrunde ein Bauer auf einer Bank sitzend, der mit ihm schäkernden Wirthin den Krug reichend. Links bei einer Tonne zwei andere Bauern,

BELOTTO, BERNARDO, gen. Canaletto

geb. zu Venedig 1720, † zu Warschau 1780.

9. *Ansicht einer italienischen Stadt.*

Von dichten Häuserreihen begrenzter grosser Platz mit hoher Pyramide und ungemein reicher Staffage, mit Staatskarossen. Im Vorgrunde Bajazzitheater, dessen Vorstellung eine vielköpfige Menge zuschaut.

Schönes decoratives wirkungsvolles Bild, in sonnigem Tone trefflich ausgeführt.

Leinwand. Höhe 80, Breite 146 Cent.

BERGHEN, DIRK VAN.

lebte zwischen 1661 und 1690 zu Haarlem.

10. *Landschaft mit Vieh.*

Dichte Baumgruppen zieren ein in der Ferne rechts von einer Bergkette abgegrenztes hügeliges Gelände, in welchem rechts eine Hirtin sich bei einem Esel zu schaffen macht, während ihr Genosse ausruhend am Boden sitzt. Im Vorgrunde eine stehende und zwei liegende Kühe bei zwei Schafen, einem Lamme und einer grasenden Ziege, in der Ferne links ein weidendes Pferd.

Vorzüglich ausgeführtes Bild von vollendeter gemalter Wiedergabe des [illegible] Ausdrucks und von sehr guter Erhaltung.

Bezeichnet *D. v. Berghen*

Leinwand. Höhe 40½, Breite 40½ Cent.

11. *Landschaft mit Vieh.*

Weit ausgedehntes gebirgiges Gelände, in dessen Mittelgrunde rechts eine Baumgruppe. Im Vorgrunde lagert eine Heerde von Kühen, Rindern und Schafen; eine braun weiss gefleckte Kuh reibt sich an einem Weidenstamme. Rechts das Hirtenpaar. Abendliche Stimmung.

Vortreffliches Bild, in Composition und Ausführung dem A. v. de Velde nahestehend.

Leinwand. Höhe 30, Breite 37 Cent.

12. *Viehstück.*

Gebirgslandschaft mit Waldeingang links. Am Fusse des ersten hohen Baumes sitzt ein Hirtenknabe als Wächter der den Vorgrund belebenden Heerde von Kühen, Rindern und Ziegen, von denen ein hellbraunes Rind in der Furth rechts säuft.

Vortreffliches Bild. Unten in der Mitte bezeichnet: D. v. Berghen. F.

Leinwand. Höhe 25½. Breite 31 Cent.

BLES, HERRI MET DE,

geb. zu Bouvignes bei Namur um 1480, † nach 1521

13. *Grosse Landschaft mit der Busspredigt des Johannes.*

Sehr weit ausgedehnte Flusslandschaft mit romantischen Gebirgs- und Felspartien, besetzt mit zahlreichen Ortschaften, einzelnen Häusern, Schlössern und Kirchen, theils auf der Höhe liegend. Im Vorgrunde, bei einem Felsthore Johannes der Täufer, vor zahlreich Versammelten predigend.

Hochbedeutendes Werk des Meisters. Durch seine reiche Composition, durch die Feinheit seiner Durchführung und seine grosse Farbengluth und Klarheit dürfte das Bild zu den besten Werken desselben zählen. In einem Felsloche das charakteristische Zeichen des Meisters, ein Käuzchen.

Holz. Höhe 85, Breite 122 Cent.

BLOEMEN, PETER VAN, gen. Standaard.

geb. zu Antwerpen 1657; † daselbst 1720.

14. *Die Hufschmiede.*

Links im Vorgrunde liegt am Fusse eines Hügels, auf dem eine grosse Ruine, die Hufschmiede, an deren Esse mehrere Gesellen beschäftigt sind. Vor derselben wird ein von einem Reitknecht gehaltener Schimmel beschlagen; links daneben stehen zwei geschirrte Karrenpferde; rechts Reiter in rothem Rocke, von einem Bettelknaben angesprochen, und ein Hund. Links ganz im Vorgrunde sitzt bei einer Gruppe von Schafen und Ziegen eine junge Hirtin mit Säugling auf der Erde. Neben ihr steht ein grösseres Kind. Die breite Strasse, auf der mehrere beladene Maulesel und verschiedene Figuren, führt an Gebäulichkeiten vorbei zu einer im fernsten Hintergrunde liegenden grossen Ruine.

Reich componirtes Bild von ganz bedeutender Qualität des Meisters, superb in der Zeichnung und glanzvoll in der Farbenwirkung. Rechts auf einem Steine bezeichnet mit dem Monogramm und der Jahreszahl 170.

Leinwand. Höhe 66 Breite 84 Cent.

15. *Der Halt beim Brunnen.*

In einer sich nach rechts weit ausdehnenden italienischen Gebirgslandschaft haben zwei Reiter mit fünf Pferden im Hofe eines Gebäudes Halt gemacht, um die Thiere zu tränken. Links steht stallend ein Schecke; rechts im Vorgrunde liegt ein schlafender Hund.

Schönes, kräftig und breit behandeltes Bild. Unten links monogrammirt und mit Jahreszahl 1690.

Leinwand. Höhe 51. Breite 66 Cent.

BLOOT, PIETER DE,

lebte in Rotterdam, wo er 1652 begraben wurde.

16. *In der Schenke.*

In einem ärmlich ausgestatteten Raume sitzen zechend, rauchend und jubilirend drei Bauern; in der halb geöffneten Thür rechts, zu der zwei Stufen hinaufführen, schauen vergnügt lächelnd zwei Kinder zu. Durch eine geöffnete Thüre im Hintergrunde links blickt man in ein zweites Gemach.

Ganz ausgezeichnete Qualität dieses seltenen Meisters in schönstem Goldtone. Auf einer umgestürzten Bank rechts mit dem vollen Namen und der Jahreszahl 1635 bezeichnet.

Holz. Oval. Höhe 33, Breite 41 Cent.

BOEL, PETER,

geb. zu Antwerpen 1622; † zu Paris 1671.

17. *Todter Hase.*

Im Vorgrunde einer nach links weit sich ausdehnenden Landschaft liegt vor einem Felsblock ein todter Hase auf der Erde, mit den Hinterläufen hochgestellt. Neben ihm Hirschfänger und Jagdgeräthschaften.

Superbes Bild; das Fell des Thieres in wunderbarer Wiedergabe.

Leinwand. Höhe 94, Breite 75 Cent.

BOL, FERDINAND,

geb. zu Dordrecht 1616; † zu Amsterdam 1680.

18. *Bildniss eines Gelehrten.*

Brustbild leicht nach rechts gewandt; der mit hoher Pelzmütze bedeckte Kopf ganz en face, mit struppigem Schnurr- und Knebelbart. Er trägt einen braunen Sammetmantel und um den Hals ein weisses Tuch. In der vorgestreckten Linken hält er eine Papierrolle. Graubrauner Grund.

Geistreich und fein gemaltes, interessantes Bild. Unten rechts nicht ganz deutlich die Signatur F. Bol.

Provenienz: Sammlung Bürger, Paris.

Holz. Höhe 29, Breite 22½ Cent.

BOUT, PIETER,

geb. angeblich 1658 zu Brüssel; † nach 1702

und

BOUDEWYNS, ADRIAEN FRANS,

geb. zu Brüssel 1644; Todesjahr unbekannt.

19. *Zwei Landschaften mit reicher Staffage.*

Italienische Landschaften mit Gebirgskette und grossen antiken Ruinen, reich staffirt mit zahllosen, pikant gemalten Figürchen in einzelnen Gruppen der verschiedensten Art.

Fein ausgeführte, freundliche Bildchen.

Holz. Höhe 21. Breite 31½ Cent.

20. *Landschaft.*

Links liegt eine grosse Kirche mit anschliessendem Kloster; auf dem freien Platze vor derselben und auf dem breiten, zu gebirgiger Ferne führenden Wege rechts bewegen sich zahllose Figuren um die zum Markte getriebenen Heerden; in Wagen nahen Käufer.

Vorzügliches Bild von selten reicher Composition, hell und klar im Tone.

Holz. Höhe 29. Breite 44 Cent.

BRAMER, LEONARD.

geb. zu Delft 1595; † daselbst 1674.

21. *Die Beschneidung Christi.*

Links als Hauptgruppe ein Hoherpriester, den von einem anderen Hohenpriester gehaltenen Jesusknaben beschneidend, umgeben von Maria und Joseph, Kerzenträgern und mehreren anderen Figuren. Links von der Gruppe ein Levit, das Weihrauchbecken anfachend; rechts eine Gruppe von drei

Priestern, der eine in vollem Ornate, die Gebetsformeln sprechend. Auf der Erde stehen und liegen Prachtgefässe der verschiedensten Art, offene und geschlossene Chorbücher etc. herum.

Superbes Bild, vortrefflich im Entwurf der Composition, glänzend im Colorit, das von grosser Leuchtkraft und Transparenz. Prov. Sammlung Zampieri, Bologna und Kaunitz.

Holz. Höhe 55, Breite 88 Cent.

BROUWER, ADRIAEN.

geb. zu Oudenaerde 1606, † zu Antwerpen 1638.

22. *Brustbild eines Bauern.*

Der Kopf fast im Profil nach rechts mit düsterem, nach oben gerichteten Blick; das volle Haar wirr, der Bart struppig. Grauer Grund.

Silbertöniges geistreiches Bild von packendem Ausdruck. Prov. Galerie Schleissheim.

Holz. Höhe 22, Breite 16 Cent.

BRUEGHEL, JAN, gen. Sammet-Brueghel.

geb. zu Brüssel 1568; † 1625.

23. *Landschaft.*

Ein breiter Weg, der nach links zu einem Hügel ansteigt, auf dem eine Windmühle, und der reich staffirt ist mit mehreren Wagen aller Art, Reitern, Bauerngruppen, Schweinefamilie etc., führt an drei Häusern links vorbei zum Hintergrunde, der sich in unendlich weiter Fernsicht zu einer reizvollen Flusslandschaft ausbildet, auf der beiderseits Ortschaften liegen, an deren Uferwegen eine zierliche reiche Staffage zeigend.

Feines, in der dem Meister eigenen hellen Färbung fleissig und subtil ausgeführtes Bild.

Kupfer. Höhe 27, Breite 36 Cent.

24. *Blumenstück.*

Auf einem Gesims steht in hübschem Nuppenbecher ein dichter Strauss der verschiedensten Gartenblumen. Auf Blüthen und Blättern kriechen Käfer, Falter und Insecten.

Fein getöntes reizendes Bild des Meisters.
Auf der Kante die Signatur.

Kupfer. Höhe 30. Breite 29 Cent.

BRUYN, NICOLAS DE, d. J.

geb. um 1570 zu Antwerpen.

25. *Pietà.*

Der Leichnam Christi mit leicht umgürtetem Lendentuch auf dem Grabesrande, dargestellt bis zum Knie, von Maria und dem hl. Johannes gehalten. In der Höhe, in einem Lichtscheine, die Taube des hl. Geistes.

Interessantes Bild des selten vorkommenden Meisters. Oberhalb geschweift.

Holz. Höhe 108. Breite 70 Cent.

CALIARI, PAOLO, gen. Paolo Veronese.

geb. 1528. † 1588.

26. *Catharina Cornaro überreicht die Krone von Cypern dem Dogen von Venedig, Agostino Barbarigo, 1489.*

Rechts steht mit seinem zahlreichen Gefolge der Doge in vollem Ornate und empfängt aus der Hand der Königin die mit Edelsteinen geschmückte Krone. Nach links gruppirt sich das aus sieben Frauen, zwei Mohrenkindern und einem Manne bestehende Gefolge der Cornaro. Prächtige, goldgestickte Brokatgewänder mit reichen Spitzen und Perlenschmuck zieren die schönen Frauengestalten. Im Hintergrunde erblickt man das von zahlreichen Schiffen belebte Meer, auf dessen Gestade sich eine reiche Figurenstaffage bewegt.

Hervorragendes Galeriebild, gleichbedeutend und interessant durch seine prächtige Composition und die charaktervolle Wiedergabe der einzelnen Portraitfiguren wie durch die Pracht in den Gewandungen und die vorzügliche Darstellung des ganzen Herganges. Das auch durch Marco Comirato's Stich bekannte Bild stammt aus dem Waisenhause in Venedig, dem es von dem letzten Besitzer aus der Familie Cornaro 1853 geschenkt wurde. Dasselbe wurde später durch das Waisenasyl welches auch den dem Erzherzog Rainer gewidmeten Stich besorgen liess, um Geld zu bekommen, zur öffentlichen Verloosung gebracht. Ueber das in mehreren kunstgeschichtlichen Werken ungemein lobend erwähnte Prachtbild sagt eine in Paris bei Reiff erschienene Separatbroschüre

»On retrouve dans notre »Catarina Cornaro« toutes les brillantes qualités du Véronèse. Dans notre tableau tout porte la griffe du génie. Dessin impeccable, noblesse des attitudes, expression des visages, science magistrale de la composition, chatoiement des étoffes, magie des couleurs, depuis le blanc d'argent de la robe de la jeune fille de gauche jusqu'aux brocarts d'or, en passant par toute la gamme des rouges, tout concourt à faire de cette toile un chef-d'œuvre dans la plus large acception du mot.«

Leinwand. Höhe 162, Breite 350 Cent. Geschnitzter Rahmen.

CAMPHUYSEN, GOVAERT,

geb. zu Gorkum 1623 oder 1624, † zu Amsterdam 1672.

27. *Thierstück.*

In scheunenartigem Raume, in dem Bottich, verfallene Stalllaterne etc. auf dem Boden liegen, sitzt in einem Korbe, neben dem der Futtertopf steht, eine weisse Gluckhenne auf dem Neste, ihre Küchlein, deren eines auf dem Boden steht, bergend. Aengstlich aufschreiend blickt sie um nach einer Katze, die links in einer Fensteröffnung erscheint, durch welche, den Raum spärlich erhellend, das Licht einfällt.

Hervorragendes Capitalbild mit wunderbarer Wiedergabe der Thier-Charactere und von packendem Ausdruck der Gefühlsbewegungen derselben. Unser Bild, das in seiner Technik und in seiner ganzen Art fabelhaft an Albert Cuyp erinnert, ist sicher den Arbeiten dieses grossen Meisters vollkommen gleichzustellen.

Bezeichnet 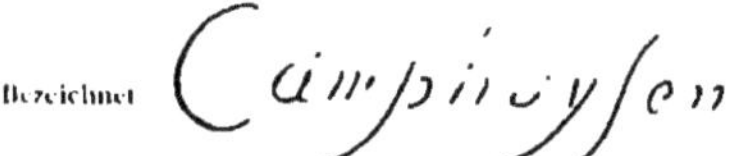

Holz. Höhe 75, Breite 106 Cent.

CARRÉE, MICHEL.

geb. zu Amsterdam 1666; † zu Alkmar 1747.

28. *Landschaft mit Vieh.*

Beim Ausgange eines dichten Waldes lagert rechts im Vorgrunde neben einem Bullen ein Esel, dabei mehrere Schafe. Links sitzt auf dem Boden neben ihrem Hunde die Hirtin schlafend. Im Mittelgrunde der sich nach links ausdehnenden gebirgigen Landschaft ein Maulthiertreiber. Abendliche Stimmung.

Hübsch componirtes Bild, in goldigem Tone fein ausgeführt.

Kupfer. Höhe 27, Breite 38 Cent.

CLAESZ, PIETER.

geb. zu Steinfurt; † zu Haarlem 1661.

29. *Frühstücksbild.*

Auf mit grüner Decke belegtem Tische mit zurückgeschobenem weissen Leinentuche steht bei einem halbgefüllten grossen Römer-Pokal, neben umgelegter prächtiger Silberschale eine Delfter Schüssel mit Früchten; davor Teller mit Fisch, Schale mit einer angeschnittenen Citrone, Schälchen und Teller mit Brotresten, Orange, Messer etc.

Schönes decoratives Bild, in dunklem Tone meisterhaft ausgeführt.

Holz. Höhe 50, Breite 105 Cent.

CODDE, PIETER JACOBSZ.

geb. zu Amsterdam 1599 oder 1600; † daselbst 1678.

30. *Die Trictrac-Partie.*

In einer holländischen, einfach eingerichteten Stube, in deren Hintergrunde links das von Vorhängen verhüllte Bett steht, sitzt bei einem rothgedeckten Tische eine vornehme Dame mit dem Trictracspiele beschäftigt. Ihr gegenüber ein Cavalier als Partner und zwischen Beiden ein sitzender Genosse desselben als Zuschauer. Rechts im Hintergrunde bei geöffneter Thüre eine Dame, die in der Linken eine Weinkanne hält und am Boden ein kleiner sitzender Hund.

Ungemein fein gezeichnetes Bild in glänzendstem Silberton von ganz wundervoller Klarheit. Die hervorragenden Eigenschaften und Vorzüge dieses mit Recht ungemein geschätzten Meisters kommen insgesammt in diesem Bilde zu vollendetem Ausdruck.

Unter der rothen Tischdecke rechts bezeichnet 

Holz. Höhe 58, Breite 53 Cent.

31. *Die Wachtstube.*

In einfachem Raume, in dem herum theils an den Wänden Fahne, Trommel, Waffen und Armaturstücke sich gruppiren, hocken zwei Soldaten beim Würfelspiel auf der Erde. Ihnen schauen ein vom Rücken gesehener Offizier und ein etwas zurücksitzendes Paar, die Thonpfeife rauchend, zu. Rechts etwas zurück von der Gruppe steht neben einer Tonne ein Soldat, aus seinem Kruge einen tüchtigen Zug thuend.

Schöne abgerundete Composition in gräulich und gelblich-braunem Tone, hochkünstlerisch ausgeführt.

Unten rechts die Signatur: 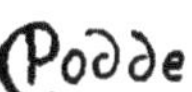

Holz. Höhe 46, Breite 64 Cent.

COSIMO, AGNOLO DI, gen. Bronzino.

geb. in Monticelli bei Florenz um 1502; † zu Florenz 1572

32. *Männliches Bildniss.*

Lebensgrosse Halbfigur eines Mannes in mittleren Jahren in Dreiviertel-Wendung nach links, geradeaus blickend, mit kurzem Vollbart. Er trägt ein schwarzes Gewand mit gesticktem Umlegekragen und ein schwarzes Barett. Die Hände hat er übereinander geschlagen, in der Rechten hält er eine Rolle mit dem Spruche: Comporta et astienti .

Graulicher Grund. Links Steinsäule, auf deren Sockel die Aufschrift: BART. DIEOR. GVALTEROTTI. D'ETÃ DANNI XLIIII L'ANNO M . D . L.

Treffliches Werk des Meisters, ungemein nobel in der Auffassung, in goldigem Ton. Die dunkele Figur hebt sich ausserordentlich wirkungsvoll von dem hellen Hintergrunde ab.

Holz. Höhe 79, Breite 57 Cent.

CRAESBEECK, JOOS VAN,

geb. zu Neerlinter 1606; † zu Brüssel 1654.

33. *Musizirende Bauern.*

Auf zerbrochenem Stuhle sitzt, den Beschauer anblickend, ein Bauer, die Violine spielend, von einem neben ihm stehenden Manne mit der Mandoline begleitet. Zu ihrem Spiele singt eine dritte Figur, auf niedrigem Kübel sitzend und nachlässig auf eine Bank sich lehnend. Der zufriedene und heitere Ausdruck der Musizirenden steht in rührendem Gegensatze zu der ärmlichen Umgebung.

Hervorragendes Werk des Meisters in leuchtendem Silbertone, den Arbeiten des Brouwer würdig, dessen Signatur es auch trägt. Die Autorschaft des Bildes ist von Dr. Bredius bestimmt.

Holz. Höhe 27, Breite 24 Cent.

CRANACH, LUCAS, d. Ä.,

geb. zu Kronach in Franken 1472, † 1553 zu Weimar.

34. *Bildniss des Kurfürsten Johann Friedrich von Sachsen.*

Gürtelbild in Dreiviertel-Wendung nach rechts mit dünnem Haupthaar, kurzem Backenbart und langem Schnurrbart. Er trägt ein reiches roth-weisses Gewand mit geschlitzten Puffenärmeln, mit perlgesticktem Brusteinsatz und schwerem Pelzrock, an den die Rechte fasst. Die Linke ist mit Ringen besteckt.

Sehr schöne Qualität des Meisters, ungemein kräftig in der Farbe. Links in der Mitte das Monogramm und Jahreszahl 1529.

Holz. Höhe 60, Breite 42 Cent.

35. *Bildniss der Gemahlin des Vorigen.*

Gürtelbild in Dreiviertel-Wendung nach links in rothem, mit Hermelin besetztem Gewande und reichen Puffenärmeln. Den Kopf bedeckt über einer goldgestickten Schaube ein breites rothes Federbarett. Ueber die Schultern legt sich eine schwere doppelte Goldkette, während die Brust ein Perlmedaillon schmückt und die Hände mit Ringen besteckt sind.

Costümlich hochinteressantes Bild und Gegenstück zum Vorigen in gleich schöner Ausführung.

Holz. Gleiche Grösse.

CUYLENBORCH, ABRAHAM VAN.

thätig zu Utrecht 1639, † daselbst 1658.

36. *Arkadische Landschaft.*

Zwischen hohen Gebirgsketten fliesst, den Mittelgrund der Composition einnehmend, ein breiter Fluss, über gewaltige Felsblöcke einen grossen Wasserfall bildend. Denselben durchwatet im Vorgrunde eine grosse Heerde von Kühen, Schafen und Ziegen, gefolgt von den Hirten zu Pferde; links auf einer Anhöhe lagert eine Gruppe von drei arkadischen Figuren.

Fein ausgeführtes ansprechendes Bildchen.

Holz. Höhe 27, Breite 32 Cent.

CUYP, AELBERT.

geb. zu Dordrecht 1620; † daselbst 1691.

37. *Der Halt bei der Fontaine.*

Rechts liegt zwischen hohen Bäumen versteckt eine Fontaine mit hohem Wasserstrahl. Bei derselben ist ein Reiter von seinem Falben abgestiegen, um ihn aus dem Bassin zu tränken. Bei ihm zwei Hunde, der eine stehend, der andere liegend. Ein zweiter Reiter in rothem Mantel auf Schimmel reitet die sanfte Anhöhe hinab, hinter der sich die Landschaft zu einer ungemein weiten Fernsicht ausdehnt und in der rechts ein Hirt mit seiner Heerde sichtbar wird. Abendliche Stimmung mit leicht bewölktem Himmel.

Prächtiges Werk dieses hervorragenden Meisters, welchen es in seiner anmuthigen Composition, seiner wundervollen Ausführung, seinem goldig warmen Tone, kurz in seiner ganzen herrlichen Malweise äusserst charakteristisch und in würdigster Weise vertritt.

Holz. Höhe 35. Breite 76 Cent.

CUYP, BENJAMIN GERRITSZ.

geb. zu Dordrecht 1612; † im Haag 1652.

38. *Bauernstück.*

In scheunenartigem Raume, dessen Boden dichtgedrängt vollsteht mit Geräthen und Gefässen aller Art, steht rechts ein Fiedler hinter einer ihn mit Gesang begleitenden Frau während ein Alter, in Fasssessel sitzend, in der Rechten den Krug, in der Linken die Thonpfeife haltend, tanzende Gebärden macht. Im Hintergrunde werden noch mehrere andere Figuren sichtbar.

Gutes Werk des Meisters, farbig und in schönem Goldtone, pastos im Vortrag.

Bezeichnet: CUYP

Holz. Höhe 12. Breite 51 Cent.

39. *Christus und die Samariterin am Brunnen.*

Vor einer dichten Baumgruppe rechts sitzt Christus bei grossem Steinbrunnen in Unterredung mit der links stehenden Frauengestalt, die in der Rechten einen Krug hält. Im Hintergrunde der Fernsicht erscheinen mehrere Häuser. Wolkenbedeckter Himmel.

Charakteristisches Bild in goldtönigem feinen Farbenspiel, in der bekannten Manier des Meisters breit behandelt.

Unten links die Bezeichnung: B. Cuyp.

Holz. Höhe 73. Breite 55 Cent.

CUYP, JACOB GERRITS.

geb. zu Dordrecht 1591; † daselbst 1651 oder 1652.

40. *Weibliches Bildniss.*

Kniefigur einer Dame in mittleren Jahren in Lebensgrösse, in Dreiviertel nach links gewandt, geradeaus blickend. Sie trägt ein schwarzgemustertes Seidengewand mit überschnürtem, goldgestickten Brustlatz, mit breitem spitzenbesetzten Schulterkragen und Spitzenmanschetten. Ein gestreiftes Häubchen lässt eben das Haar oben vortreten. In der Linken hält sie die Handschuhe, in der Rechten das Gebetbuch, welches auf einem mit rother Decke belegten Tische steht. Graulichbrauner Grund.

Ganz vorzügliches Portrait, ungemein lebenswahr in der Auffassung. Die Carnation des Gesichtes und der Hände, wie die Behandlung der stofflichen Partien von grosser künstlerischer Vollendung. Das Bild gehört zweifellos zu den besten Leistungen des Meisters.

Holz. Höhe 108 Breite 78 Cent.

DIEPENBECK, ABRAHAM VAN.

geb. zu Herzogenbusch 1590; † zu Antwerpen 1675.

41. *Triumphzug des Bacchus.*

Im Vorgrunde einer waldigen Landschaft mit wolkenbedecktem Himmel sitzt rechts Silen trunken auf einem Esel, umgeben von Faunen und Bacchantinnen, die theils kostbare Gefässe tragen. Vor der Gruppe nach links steht der jugendliche Bacchus mit rebenumkränztem Haar und Mantel, auf die von Amor begleitete Venus hinschauend, welche ihm einen Lorbeerkranz überreicht. Ein Faun füllt aus einer Traube die goldene Schale, die der jugendliche Gott in der ausgestreckten Linken hält.

Schön componirtes Bild, welches in seinem trefflichen Colorit den tüchtigen Rubens-Schüler vollauf erkennen lässt.

Leinwand. Höhe 94 Breite 102 Cent.

DIETRICH, CHRISTIAN WILHELM ERNST, gen. Dietricy,

geb. zu Weimar 1712; † zu Dresden 1774.

42. *Männliches Bildniss.*

Brustbild eines alten Mannes nach rechts, den Kopf fast en face, mit weissem struppigen Haar und langem Barte.

Ein im Rembrandt'schen Geiste vortrefflich ausgeführtes Bildchen.

Oval. Leinwand. Höhe 27, Breite 21 Cent.

DOLCE, CARLO,

florentinischer Maler; geb. 1616; † 1686.

43. *Der Evangelist Lucas.*

Lebensgrosse Halbfigur fast im Profil nach rechts, in der Rechten die Feder und in der Linken das Buch haltend, in welchem die Worte: »Singulis Manus Imponens Curabat Eos«. Rechts sein Attribut der Ochse.

Treffliches, wirkungsvolles Bild, recht weich in der Behandlung. Bekannt durch M. Voigt's Kupferstich. Prov. Sammlung Artaria, Mannheim.

Oval. Leinwand. Höhe 68, Breite 88 Cent.

DONCKER, HERM.,

Maler, thätig um 1640. Nagler III 446. Bode, Studien S. 163 f.

44. *Familienbild.*

Im Vorgrunde einer baumreichen Landschaft sitzt vorne auf leichtem Erdhügel, am Fusse eines mächtigen Baumes, eine jugendliche Frauengestalt in weissem Atlasgewande mit violettem Ueberwurf und reichem Spitzenkragen. Links neben ihr gruppiren sich drei Mädchenfiguren verschiedenen Alters in entsprechenden reichen Costümen.

Prächtiges Galeriebild, superb in der Behandlung der Fleischtheile sowie der prächtigen Stoffpartien. Das Bild, das die Signatur des Terborch trägt und auch bisher als dessen Werk galt, wurde von Geheimrath Bode dem sehr seltenen Meister Doncker gegeben.

Leinwand. Höhe 135, Breite 160 Cent.

DORN, JOS.,

geb. 1750 zu Gratz-Sambach; † zu Bamberg 1841

45. *Männliches Bildniss.*

Vor einer gewaltigen Säule sitzt in einem grossen Lehnsessel in Dreiviertel-Wendung nach links ein älterer Herr mit langem, lockigen Haar und Schnurr- und Knebelbarte. Ueber einem schwarzen Gewande mit schlappem Kragen trägt er einen pelzverbrämten Sammetmantel.

Ein in der bekannten Weise des Meisters vortrefflich ausgeführtes, charakteristisches Bild, hell in der Färbung.

Holz. Höhe 26, Breite 20½ Cent.

DROOCH-SLOOT, JOOST CORNELISZ,

1616 Meister der Gilde in Utrecht; † daselbst 1666.

46. *Dorfstrasse.*

Ein breiter leichthügeliger Weg führt zu einer weiten Fernsicht. Beiderseits zwischen Bäumen und Gesträuch die Häuser der Ortschaft. Eine ungemein reiche Staffage belebt das hübsche Landschaftsbild in vielen einzelnen Figuren und Gruppen. Dazwischen Lastwagen, Reiter, Pferde am Futtertrog. Im Vorgrunde links eine Gesellschaft vor der Schenke.

Ausgezeichnetes Werk des Meisters, sehr klar und durchsichtig in der Färbung zu seinen besten Bildern zählend.

Links über der Thüre die Bezeichnung: J·Drooch Sloot 1634

Holz. Höhe 50, Breite 73 Cent.

47. *Die sieben Werke der Barmherzigkeit.*

Rechts zieht sich mit weiter Fernsicht eine breite Dorfstrasse, zu deren beiden Seiten die grösseren und kleineren Häuser liegen. Vorne links eine grosse Ruine mit viereckigem Gefängnissthurm; die Strasse in ihrer ganzen Länge, sowie namentlich der Vorgrund, zeigt in zahllosen Figuren in einzelnen Gruppen die Darstellungen der Werke der Barmherzigkeit.

Ungemein figurenreiches, treffliches Werk des Meisters von bedeutender Qualität und goldig-braun im Tone. Auf einem Steine das Monogramm des Meisters mit der Jahreszahl 1651.

Holz. Höhe 73, Breite 107 Cent.

48. *Bauernkirmes.*

Rechts sitzt um halbgedeckten Tisch vor der Schenke eine Gesellschaft von 15 Bauern mit Weibern und Kindern bei Speise und Trank, einzelne Paare sich umarmend. Links zieht sich die breite Dorfstrasse, beiderseits mit Häusern und Kirche besetzt und belebt von einer äusserst reichen Figurenstaffage, theils vor aufgeschlagenen Zeltbuden.

Sehr schöne Qualität des Meisters in glühendem Goldtone. Unten links bezeichnet mit Monogramm und Jahreszahl 1651.

Holz. Höhe 52, Breite 75 Cent.

49. *Das Fest vor der Schenke.*

Links sitzt unter einer Laube eine jubilirende Bauerngesellschaft in einzelnen, theils zärtlich sich umarmenden Paaren. Eine Familie tritt den Heimweg an. Rechts weite Fernsicht mit einem zwischen hohen Bäumen und Gebüsch liegenden Gehöft etc.

Hübsche Composition. Unten rechts monogrammirt.

Holz. Höhe 42, Breite 44 Cent.

DUCK, J. A.

geb. um 1600, zwischen 1630 u. 32 Meister der Utrechter Gilde, lebte noch im Haag 1660.

50. *Musicirendes Paar.*

In einem hohen Gemache mit theils zurückgeschobenem Vorhange steht vor dem Tische, vom Rücken gesehen, ein Officier, die Laute spielend. Ihn begleitet auf der Flöte eine hinter dem Tische sitzende jugendliche und anmuthige Frauengestalt mit Federdiadem. Seitwärts steht, würfelspielend, eine dritte Figur hinter einem Stuhle, auf dem der Mantel des Officiers nachlässig hingeworfen.

Feines Bild, vorzugsweise in Braun und Grau gehalten, von hervorragender Leuchtkraft.

Holz. Höhe 50, Breite 36 Cent.

DU JARDIN, KAREL,

geb. zu Amsterdam 1622; † zu Venedig 1678.

51. *Männliches Bildniss.*

Brustbild en face, den Kopf, rechtsblickend, nach rechts gewandt. Spärliches Haupthaar, Schnurr- und Knebelbart. Er trägt ein schwarzes Gewand, breiten weissen Kragen und über die Schulter geworfenen Mantel. Dunkelgrauer Grund.

Ausgezeichnetes Portrait, charakteristisch in der Auffassung, fein in der Zeichnung und vortrefflich in der Carnation.

Holz. Höhe 32, Breite $21\frac{1}{2}$ Cent.

DUSART, CORNELIS,

geb. zu Haarlem 1660, † daselbst 1704.

52. *Die Kuchenbäckerin.*

In einer reich ausgestatteten Bauernstube, deren Boden mit Wiege, Geräthen und Gefässen aller Art bedeckt ist, sitzt als Hauptfigur mit vergnügtem Gesichtsausdruck eine junge Frau; ihr etwas zurückstehender Mann füllt ihren Becher, den ihre ausgestreckte Rechte hält, aus einem Steinkruge. Neben ihr steht ein kleines Mädchen, sie zur Aufmerksamkeit beim Kuchenbacken anhaltend. Rechts seitlich der Gruppe steht ein Knabe, mit Appetit den ihm gereichten frischen Kuchen verzehrend. Im Vorgrunde sitzt ein halbwüchsiger Junge, das Kohlenfeuer anfachend, auf der Erde. Neben ihm hockt ein Kätzchen, von einem braun-weiss gefleckten Hunde aufmerksam beobachtet. Im Hintergrunde rechts führt eine hohe Holztreppe zur Thüre.

Ganz hervorragendes hochfeines Werk des Meisters, welches in humorvollster Weise das altniederländische Sittenleben wiedergiebt. Reizend im Entwurf köstlich in der ganzen Behandlung, im feinsten glühendsten Goldtone.

Bezeichnet 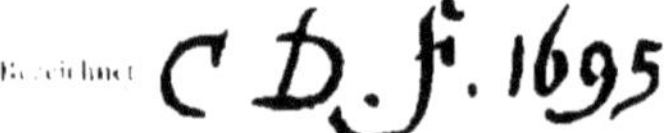

Leinwand. Höhe 78, Breite 64 Cent.

53. *Der vor der Schenke tanzende Bauer.*

Vor der Schenke links tanzt in grotesken Sprüngen ein Bauer zum Spiele des in der Thüre stehenden Violinspielers. Ihm schauen mehrere Figuren, dabei zwei Kinder, zu. Am Hause sitzt auf niedriger Bank ein sich umarmendes Paar, dessen Gebärden ein sich die Thonpfeife anzündender Mann schielenden Blickes beobachtet. Die breite Dorfstrasse führt rechts zu einem vor dichter Baumgruppe liegenden Bauernhause, vor dem eine Familie und mehrere Schweine.

Lustig gestimmtes, treffliches Bildchen in leuchtend goldigem Tone bis in Details fein ausgeführt.

Unten rechts mit dem vollen Namen bezeichnet.

Leinwand. Höhe 28, Breite 35½ Cent.

DYCK, ANTON VAN.

geb. 1599 zu Antwerpen; † zu London 1641.

54. *Bildniss Karl's I. von England.*

Brustbild in Lebensgrösse fast ganz en face, in Harnisch mit der Kette des Hosenbandordens und schlappem, weissen Kragen, auf den das dunkle Haar in langen Locken herabfällt. Graulicher Grund.

Bedeutendes Portrait des grossen Meisters. Prov. Collection Duc of Hamilton.

Leinwand. Höhe 76, Breite 66 Cent.

EECKHOUT, GERBRANDT VAN DEN,

geb. zu Amsterdam 1621, † daselbst 1674.

55. *Christus und die Emausjünger.*

An mit Speisen besetzter Tafel sitzt der Heiland mit den beiden Emausjüngern, eben im Begriffe, das Brod zu brechen. Rechts von der Gruppe steht zuschauend der feiste Wirth. Im Vorgrunde Hund und Katze, sich um einen Knochen streitend. Durch ein hohes Bogenfenster blickt man in eine nächtliche Landschaft.

Interessantes Bild von ungemein wirkungsvollen Farbencontrasten in helldunkel mit von links einfallendem Lichte, welches den linken Hintergrund silbertonig erscheinen lässt.

Bezeichnet: G v Eeckhout fe.
1663

Prov. Sammlung Herzog Wilhelm von Braunschweig.

Leinwand auf Holz. Höhe 62, Breite 72 Cent.

ELIAS, NICOLAS (CLAES),

geb. zu Amsterdam 1590 oder 1591, † daselbst nach 1646.

56. *Die Vorsteherinnen eines holländischen Waisenhauses.*

Gruppe dreier Frauenfiguren in schwarzen Kleidern mit breiten, weissen Schulterkragen, zwei mit weissen, die dritte mit goldgesticktem Häubchen. Rechts neben ihnen steht, einen Kirschenzweig in der vorgestreckten Linken haltend, ein kleines Mädchen in reicher Kleidung mit grosser goldgestickter Kappe. Graulich-brauner Grund.

Interessantes Bild von durchdachter Auffassung in der Charakterisirung der Figuren. Dasselbe galt früher als ein Werk des Th. de Keyser ist aber nach neueren Forschungen dem Nicolaus Elias zugeschrieben

Leinwand. Höhe 66, Breite 84 Cent.

ELLIGER, OTTOMAR,

geb. zu Hamburg 1666; † 1732.

57. *Allegorische Darstellung mit mythologischen Figuren.*

In einem Palaste mit weiten Hallen und vortrefflichen Bildhauerwerken empfängt eine jugendliche Königin eine Kindergestalt, hinter der ein Germane eine Zackenkrone hält. In der Umgebung Lictoren, Flussgottheiten, Mars etc. etc.

Interessantes, reich componirtes Bild, fein in der Zeichnung und ungemein zart und duftig im Colorit.

Auf der Stufe des Thrones die Bezeichnung: *O: Elliger fecit*

Leinwand. Höhe 56, Breite 69 Cent.

58. *Allegorische Darstellung und Gegenstück.*

In ähnlich disponirtem Raume sitzt eine jugendliche Frauengestalt als Diana auf reichem Thronsessel, zu dessen Stufen ihre Gespielinnen als Nymphen. Vor ihr steht ein jugendlicher Kriegsheld in voller Rüstung, gefolgt von drei Kriegern. In der Höhe, in Wolken schwebend, Venus und Amor, die drei Grazien etc.

Gegenstück zum Vorigen in gleich zarter Ausführung.

Unten rechts bezeichnet.

Leinwand. Gleiche Grösse.

FRANCIA, FRANCESCO, eigentlich Raibolini.

Maler von Bologna; geboren 1450; † wahrscheinlich 1535.

59. *Mariä Verkündigung.*

Vor halbgeöffnetem grünen Vorhange sitzt die Madonna, in der Rechten das Buch haltend, beschattet vom hl. Geiste und empfängt die Verkündigung des links knieenden Engels Gabriel. Seitwärts Blick in eine reizend ausgestattete Gebirgslandschaft.

Interessantes Bild, noch ganz im Charakter der frühitalienischen Schule. Prov. Galerie Zampieri, Bologna.

Holz. Höhe 37. Breite 48 Cent.

FYT, JAN

geb. zu Antwerpen 1611; † daselbst 1661

60. Viele Hunde sind des Hasen Tod.

Auf einem mit Wegerich und Unkraut wirksam belebten Auslauf eines Hügels, haben fünf prächtige Setterhunde in siegessicherer Attake einen armen Hasen umstellt, der mit anliegenden Ohren und in vor Todesangst zusammengeduckter Stellung in seine verzweifelte Lage sich gefügt hat. Im Hintergrunde wird unter silbertönigem, leichtbewölktem Himmel, durch zwei links und rechts stehende Baumgruppen hindurch, in blauen, sich wirksam vom Himmel abhebenden Umrissen eine kleine Hügelkette sichtbar, durchbrochen von den Bäumen einer jungen Waldung, aus welcher der Kirchthurm einer im Thalgrunde liegenden Ortschaft idyllisch hervorragt.

Capitalbild des hervorragenden Meisters. Die Bewegung in den Thieren von meisterhafter Lebendigkeit.

Leinwand. Höhe 122. Breite 184 Cent.

61. Jagdbeute.

Auf einem Steinsockel mit zurückgeschobener olivfarbener Decke liegt neben einem Fasan ein Hahn, dabei Gewehr, Falkenhäubchen und andere Jagdgeräthschaften. An der

Wand hängen über der Gruppe, an Schnüren und Quasten, zwischen Jagdutensilien Feldhuhn und eine Koppel kleinerer Vögel.

Farbenprächtiges hervorragendes Bild, welches die glänzenden Fertigkeiten des Meisters in vorzüglicher Weise vertritt.

Bezeichnet auf dem Sockel. Vgl. Abbildung.

Leinwand. Höhe 168, Breite 82 Cent.

GAEL, BAREND (BERNARD),

Schüler des Wouwerman, geb. in der Mitte des 17. Jahrhunderts zu Haarlem

62. *Halt vor der Schenke.*

Vor der links im Vorgrunde zwischen hohen Bäumen neben der Kirche liegenden Schenke haben mehrere Reiter Halt gemacht. Einige derselben sind bereits abgestiegen und lassen ihre Pferde am Troge füttern. Auf dem breiten, zum ausgedehnten Hintergrunde führenden Wege naht ein Paar.

Hübsch componirtes Bildchen in warmer harmonischer Tongebung, leuchtend in den Lichteffecten.

Unten rechts die Bezeichnung: B·GAEL·

Holz. Höhe 35, Breite 28½ Cent.

GILLEMANS, JAN PAUL,

thätig 1618 bis nach 1675 zu Antwerpen.

63. *Fruchtstück.*

Auf einem Tische mit leicht zurückgeschobener olivfarbener Decke mit Goldfransen liegen in reizvoller Gruppirung um ein halbgefülltes, hohes gedeckeltes Römerglas prächtige Früchte als: Melone, Trauben, Orangen, Kirschen etc., theils auf einer Schale mit Messer. Rechts daneben ein Brod.

Prachtvolles Bild von schöner Composition und voller plastisch wirkender trotzdem aber weicher zarter Pinselführung, verbunden mit angenehmen und fein zum Helldunkel gestimmten Lokalfarben.

Auf der Kante des Tisches links bezeichnet.

Holz. Höhe 78, Breite 63 Cent.

GOYEN, JAN VAN.

geb. zu Leiden 1596 † im Haag 1656

64. *Canallandschaft.*

Den Vorgrund nimmt der sich nach dem Hintergrunde ausdehnende Canal ein, von einem Landstreifen mit Kirche und Windmühle begrenzt. Auf dem Ufer rechts ausgedehnte Ziegelbauten, bei denen mehrere Segelboote landen, aus welchen Waaren ausgeladen werden. Ganz im Vorgrunde ein Fischerkahn mit drei Fischern, von denen einer ausgestiegen eine Leiter emporklimmt.

Feines silbertöniges Werk des Meisters von vortrefflicher Behandlung und wundervoll in der Luftpartie.

Auf einer schwimmenden Planke die Bezeichnung: V GOYEN 1631

Holz. Höhe 30, Breite 52 Cm.

65. *Das Salutschiessen.*

Auf dem ruhigen, den ganzen Vor- und Mittelgrund einnehmenden Wasser, das in der Ferne von einem Landstreifen begrenzt ist, gibt ein rechts liegender, vollgetakelter Dreimaster einen Salutschuss. Zahlreiche Schiffe, Boote und Kähne werden allenthalben sichtbar.

Feintöniges Werk des Meisters. Auf der Spitze des links liegenden Fischerbootes die Signatur.

Holz. Höhe 16, Breite 23 Cm.

66. *Canallandschaft.*

Durch die Mitte des Bildes zieht sich der von Segelbooten und Fischerkähnen belebte Canal. Auf dem Ufer rechts und im Hintergrunde liegen mehrere Ortschaften. Am linken Ufer sind mehrere Segelboote gelandet. Im Vorgrunde auf einer Rampe eine Figurengruppe.

Gegenstück zum Vorigen in gleich vorzüglicher Ausführung. Auf dem Kahn in der Mitte das Monogramm.

Holz. Gleiche Grösse.

GORTZIUS, GUALDORP,

geb. zu Loewen 1558; † zu Köln 1616 oder 1618.

67. *Zwei Altarflügel mit Donatorenfamilie.*

Vor zurückgeschobenem grünen Vorhange kniet auf dem einen der Donator mit seinen drei Söhnen, die Hände betend gefalten, in schwarzen Gewandungen mit Steinkragen; hinter ihnen steht als Patron der hl. Johannes der Täufer. Auf dem anderen in ähnlicher Stellung und entsprechender Kleidung die Frau des Donators mit ihrer Tochter; hinter ihnen die hl. Elisabeth als Patronin.

Vortreffliche Bilder in vorzüglicher Wiedergabe der Portraitfiguren.

Holz. Höhe je 80, Breite 32 Cent. 2 Stück.

GOVAERTS, (GOYVAERTS), ABRAHAM.

geb. zu Antwerpen 1580; † 1626.

68. *Landschaft mit der Ruhe auf der Flucht.*

Links ein weiter von Gebirgszug geschlossener Thalkessel, in dem eine grössere Stadt und im Vorgrunde an einem Wasser eine kleinere Ortschaft liegt, in der sich in figurenreicher Staffage die Greuelscenen des Kindermordes abspielen. Rechts führt ein breiter Weg zu einem Waldeingange mit hohen dichten Bäumen, unter denen Maria, den Jesusknaben liebkosend, auf der Erde sitzt, während der hl. Joseph den Esel füttert.

Herrliches Bild, ungemein frisch und kräftig im Styl, tief in den Farben und ruhig im Lichtfall. Die Bestimmung der Autorschaft rührt von Geheimrath Bode her, der die Staffage einem Rubensschüler zuschreibt, der wohl Erasmus Quellinus sein dürfte. Früher galt das Bild als David Vinckbooms.

Holz. Höhe 95, Breite 113 Cent.

GREUZE, JEAN BAPTISTE, (Richtung).

69. *Die Wahrsagerin.*

Vor der Thüre eines niedrigen Gebäudes, das eine Gruppe dichter Bäume beschattet, sitzt eine Gesellschaft von Bauern bei einem Tische. Ein vor demselben sitzender Alter reicht seine Rechte einem Zigeunerweib hin, das, ihren nackten Säugling auf dem Rücken tragend, ihm wahrsagt. Rechts in der Ferne das Gefährt der Zigeunerfamilie; bei einem Fasse im Vorgrunde ein knurrender Hund.

Sehr gut durchgeführtes Bild, treffend im Ausdruck und von effectvollem Farbenauftrag.

Leinwand. Höhe 115, Breite 144 Cent.

GRUND, NORBERT,

geb. zu Prag 1714; † 1767.

70. *Nach der Jagd.*

Weit ausgedehntes flaches Gelände mit dichtem Gebüsch rechts; vorne steht an einen Weidenstamm gelehnt ein Jäger mit seinen Hunden und der Jagdbeute; von der weiten Ferne nahen zwei Reiter.

Anmuthiges fein ausgeführtes freundliches Bildchen in heller klarer Färbung. Unten rechts bezeichnet: N. Grund f.

Holz. Höhe 13, Breite 19 Cent. Geschnitzter Rahmen

71. *Schäferscene.*

Im Vorgrund einer leicht hügeligen Landschaft neckt ein Schäfermädchen den auf der Erde liegenden Knaben mit Blumen; links im Hintergrunde Vieh bei einem Bauernhaus.

Gegenstück zum Vorigen in gleich vortrefflicher Ausführung.

Holz. Gleiche Grösse. Ebenso

GUARDI, FRANCESCO.

geb. zu Venedig 1712; † daselbst 1793

72. *Ansicht von Venedig.*

Links der Dogenpalast, rechts die Gefängnisse. Reiche, breit behandelte Figurenstaffage in Gruppen und einzelnen Figuren aller Stände.

Sehr schönes Decorationsbild in breiter Behandlung.

Leinwand. Höhe 81 Breite 119 Cent

HACKAERT, JAN.

geb. zu Amsterdam 1629. † 1699

73. *Grosse Abendlandschaft.*

Im Mittelgrunde zieht sich, die ganze Breite des Bildes einnehmend, ein Fluss, der von mehreren Fahrzeugen belebt ist. Die beiderseitigen Ufer sind mit hohen Bäumen und Strauchwerk bewachsen, zwischen denen einzelne Häuser, Kirchen und Windmühlen hervortreten. Im Vorgrunde des Ufers links führt an einem Bauernhause vorbei ein breiter Weg, auf dem als Staffage Reiter, Frau mit Kind und ein Paar im Gespräch.

Prächtig entworfenes, in goldigem Tone vortrefflich ausgeführtes Bild, das in den Gegensätzen seiner Lichtwirkung bei den letzten Strahlen der untergehenden Sonne eine grossartige und bezaubernde Wirkung ausübt. Die lebendige Staffage auf dem Bilde ist von der Hand des Barent Gael.

Leinwand. Höhe 102, Breite 128 Cent.

HALS, DIRK.

geb. zu Haarlem vor 1600; † daselbst 1656.

74. *Galante Unterhaltung.*

In einem mit grossem Schranke und mehreren Bildern reich ausgestatteten Zimmer gruppiren sich nach aufgehobener Mahlzeit, theils noch an dem besetzten Tische sitzend, in einzelnen Paaren sieben Cavaliere mit ihren in Atlas gekleideten Damen, theils in zärtlichster Umarmung. Rechts im Vorgrunde zwei Hunde bei einem Weinkühler, in dem mehrere Flaschen stehen.

Vortreffliches Werk des Meisters in seiner vorzüglichen Qualität in leuchtender feiner Farbentönung ganz hervorragend. Prov.: Galerie Burger, Paris.

Holz. Höhe 56, Breite 81 Cent.

75. *Musikalische Gesellschaft.*

In einem Musiksalon ist eine Gesellschaft von sechs Cavalieren und fünf Damen gruppirt. Dieselben beschäftigen sich zum Theil noch mit Musik und Gesang, während andere, die ihr Instrument auf und an einen rechts befindlichen Tisch gelegt haben, in einzelnen Paaren sich unterhalten.

Schöne reiche Composition in bräunlich-grauem Tone. Das Bild, welches namentlich in einzelnen Figuren directe Erinnerungen an P. Codde hat, für dessen Werk es auch früher galt, ist jetzt von den Autoritäten unserem Meister beigelegt worden.

Holz. Höhe 55, Breite 71 Cent.

HALS, JOHANNES.

Sohn und Schüler des Frans Hals.

76. *Dorfansicht mit Fastnachtsscene.*

Links vor der Dorfschenke schauen vor derselben, sowie in Thüren und Fenstern mehrere Personen dem Spiele eines Bänkelsängers, der zu den Tönen einer Radleier singt, zu. Auf der Strasse bewegen sich in einzelnen Figuren und Gruppen phantastisch gekleidete Kinder und Männer.

Interessantes Bild, mit theils drastischen Wiedergaben altniederländischen Volkslebens, in heller klarer Färbung.

Holz. Höhe 47, Breite 66 Cent.

HAMILTON, PHILIPP FERDINAND VON.

geb. zu Brüssel 1664; † zu Wien 1750.

77. *Jagdbeute in Landschaft.*

Im Vorgrunde einer nach rechts sich erweiternden Gebirgslandschaft liegt halb auf dem Boden, vor einem Hügel, ein todter Hase, mit dem rechten Hinterlauf an einen knorrigen Eichenstamm aufgehängt. Rechts neben ihm hängt vor Jagdhorn, Tasche und Gewehr eine Koppel von Wachteln. Zwischen seinen Vorderläufen eine Wildente und daneben buntgefiederter Fink. Im Vorgrunde rechts eine breitblätterige Pflanze, umflattert von einem Schmetterlinge, Pilze etc.

Ganz bedeutendes Werk des Meisters; in Composition und Ausführung den Arbeiten des Jan Weenix gleichstehend, dürfte es wohl zu den hervorragendsten Schöpfungen des Künstlers zählen. Bezeichnet.

Leinwand. Höhe 126, Breite 88 Cent.

HARDY, CAREL.

geb. zu Valenciennes. 1651 der Haager Gilde beigetreten. 1656 bereits verstorben oder vom Haag verzogen.

78. *Raucher und Trinker.*

Vor einem Tische sitzt auf umgestülpter halber Tonne, die Pfeife rauchend, ein älterer Mann in langem schwarzen Gewande und hohem Hute. Ihn beobachtet, hinter dem Tische sitzend, ein Alter, das ergraute Haupt mit langem weissen Barte in die aufgestützte Rechte legend, mit der Linken eine Zinnkanne haltend.

Tüchtiges, geistreich behandeltes, ungemein klares Bildchen.

Unten links bezeichnet *C. hardy · f.*

Ueber den sehr seltenen Meister vergleiche Bredius' Aufsatz in Oud Holland II. 1884, Seite 215 und 216.

Holz. Höhe 30, Breite 23 Cent.

HEDA, WILLEM CLAASZ.

geb. 1594 zu Haarlem † daselbst angeblich 1678

79. *Frühstücksbild.*

Auf einem Holztische steht eine grosse Zinnschüssel mit zerschnittenen Fischen; dahinter Steinkrug, halbgefüllter Römer und hohes Champagnerglas; rechts, neben einem Teller mit Brot, feingemusterter Venetianer Pokal; Citronen, Thonpfeife, Messer, Nüsse etc. füllen die Composition.

Vortreffliches Bild, malerisch in der Anordnung, naturwahr in der Ausführung.

Leinwand. Höhe 50½. Breite 71 Cent.

HEEM, CORNELIS DE.

geb. zu Leiden 1631, † zu Antwerpen 1695

80. *Frühstücksbild.*

Auf einem Tische mit theils zurückgeschobener grüner Decke stehen in malerischer Anordnung eine Delfter Schüssel mit Früchten aller Art, mehrere Silbergefässe, geleertes Champagnerglas, Zinnschüsseln mit Hummer und Citronen; dazwischen liegen Pfirsiche, Trauben, Nüsse, Messer, Austern, Thonpfeife etc.

Reiche Composition in von rechts einfallendem Lichte trefflich beleuchtet.

Holz. Höhe 57. Breite 85 Cent.

HEEMSKERK, EGBERT, d. J.

geb. 1645 zu Haarlem, † zu London 1704

81. *Der Tanz in der Schenke.*

In einer bunt ausgestatteten Wirthsstube spielt ein Geiger mit verbundenen Augen einem Bauern auf, der in grotesken Sprüngen tanzt. Sich über seine lustigen Gebärden amüsirend sitzen rechts an mit weissem Tuche gedeckten Tische drei Bauern und ein Krieger, während eine fünfte Figur, das Glas erhebend, ein Hoch ausbringt. Links sitzen bei geöffnetem Fenster, an dem eine grosse Flasche steht, die Gruppe beobachtend, zwei Bauern rauchend an einer umgestürzten Tonne. Im Hintergrunde, links bei der Thüre, in ausgelassener Heiterkeit drei Figuren an einem Tische.

Vortrefflisches Werk des Meisters, humorvoll in der Composition, breit in der Behandlung und leuchtend in der Farbe.

Auf der umgestürzten Tonne links das Monogramm H K.

Holz. Höhe 53, Breite 84 Cent.

82. *In der Bauernschenke.*

In einem weit ausgedehnten Raume sitzen in ausgelassenster Heiterkeit, zechend und rauchend, neunzehn Figuren in einzelnen Gruppen um Tische und umgestürzte Tonnen. Links in der geöffneten Thüre steht, ihre Thonpfeife rauchend, ein Weib.

Reiches, interessantes holländisches Sittenbild in des Meisters breiter und drastischer Weise vortrefflich ausgeführt. Mit guter Lichtwirkung in dem halbdunkeln, spärlich erleuchteten Raume. Auf der Tischkante links das Monogramm.

Holz. Höhe 57, Breite 84 Cent.

HEEMSKERK, EGBERT, d. Ä.

geb. zu Haarlem 1610; † daselbst 1680

83. *Das Tischgebet.*

Zwei Bauern in betender Stellung vor einem Bottich, auf dem angeschnittener Schinken, Brod und Messer liegen.

Feingestimmtes Bildchen in leichtem, weichen Colorit.

Holz. Höhe 22, Breite 17 Cent.

84. *Lustige Gesellschaft.*

In ärmlicher Schenke sitzen singend und lärmend drei Bauern um eine Tonne, auf der eine Schnapsflasche steht.

Schöne Qualität in feinem Tone. Unten links auf der Tonne monogrammirt.

Leinwand auf Holz. Höhe 18½, Breite 16 Cent.

HEIL, DANIEL VAN.

geb. zu Brüssel 1604, † daselbst 1662

85. *Grosse Flusslandschaft.*

Den Mittelgrund der Composition nimmt ein breiter Fluss ein, auf dem eben eine Fähre übersetzt nach den ausgedehnten Ruinen eines Schlosses, die auf dem jenseitigen Ufer liegen. Auf dem diesseitigen Ufer führt ein breiter Weg, auf dem zwei Figuren und Hund, an Gruppen hoher Bäume vorbei, zu einem den Mittelgrund rechts einnehmenden Gebüsch.

Schön componirtes, in goldig-braunem Tone breit behandeltes Bild, das früher als Salomon Ruisdael galt, von den Autoritäten aber unserm Meister gegeben wurde.

Holz. Höhe 73, Breite 108 Cent.

HOECKE, JAN VAN DER.

geb. zu Antwerpen 1611; † daselbst 1651

86. *Grosse allegorische Gruppe.*

Vor einem Waldeingange steht als Mittelfigur, vom Rücken gesehen, den Kopf nach dem Beschauer wendend, Diana den Oberkörper entblösst, in der erhobenen Linken den Speer haltend. Rechts etwas zurück eine Aethiopierin, auf der ausgestreckten Linken einen buntgefiederten Papagei haltend. Rechts im Vorgrunde kniet eine üppige Frauengestalt mit entblösstem Oberkörper und leicht übergeworfenem blauen Mantel als Ceres, eine prächtige Vase mit den köstlichsten Garten- und Feldfrüchten haltend. Ihr bringen zwei Amoretten Blumen. Nach ihr schaut rechts, neben einem mit Muscheln und Fischen belebten Wasser sitzend, ein weissbärtiger Flussgott, das ergraute Haar mit einem Schilfkranze umflochten. Hinter ihm erscheint Vulkan mit Fackel.

Hervorragendes Galeriebild und Capitalschöpfung des bedeutenden Rubens-Schülers in seinem weicheren an Van Dyck erinnernden Style. Dasselbe ist von wunderbarer Zeichnung der Körper, leuchtendstem und packendstem Colorit und macht in seiner ganzen Anordnung und Durchführung einen grossartigen Effect.
Prov. Galerie Schoenborn, Wien.

Leinwand. Höhe 237, Breite 185 Cent.

HOECKE, ROBRECHT VAN DEN.

geb. 1622 in Antwerpen; lebte noch 1665.

87. *Landschaft mit brennenden Gebäuden.*

Im Vorgrunde einer weit ausgedehnten Niederung, in deren Ferne die hohen Gebäude und Kirchen einer Stadt zum Vorschein kommen, vernichtet eine mächtige Feuersbrunst, deren Rauchwolken sich in dichten Ballen nach rechts hinziehen, eine grosse Häusergruppe. Vor derselben eine Anzahl Menschen.

Das aus der Esterhazy-Galerie stammende Bild galt früher als van der Neer, dessen Bezeichnung es auch trägt, ist aber von den Autoritäten obigem Meister gegeben worden.

Holz. Höhe 18, Breite 31½ Cent.

HOET, GERARD.

geb. zu Bommel 1648, † im Haag 1733.

88. *Vertumnus und Pomona.*

Bei einer Fontaine, bei der ein Pfau, sitzt Pomona als jugendliche Frauengestalt in weissem Atlasgewande mit blauem Ueberwurf, die Brust entblösst. Von einem Altane her, von der man in den Garten eines Schlosses sieht, naht sich Vertumnus in der Gestalt eines alten Weibes in gelbem Gewande mit rothem Ueberwurf.

In klarer Farbengebung fein ausgeführtes schönes Bild, welches früher dem Caspar Netscher zugeschrieben wurde, nach dem neuesten Urtheile unserer Sachverständigen aber ein Werk des Hoet ist.

Leinwand. Höhe 56, Breite 64 Cent.

HOFMANN, HANS.

Nürnberger Meister, † 1592.

89. *Ecce homo.*

Der leidende Heiland, nackt, mit übergeworfenem Mantel, auf dem langen Lockenhaar die breite Dornenkrone, zwischen dem Hohenpriester und einem Kriegsknechte, der ihm das Rohr in die Hand gibt.

In dunklem Tone in leichter Färbung vortrefflich ausgeführtes Bild mit hervorragender Wiedergabe der seelischen Empfindung, nach einer Composition des Albrecht Dürer, dessen Monogramm mit der Jahreszahl 1500 es auch trägt.

Holz. Höhe 69. Breite 57 Cent.

D'HONDECOETER, MELCHIOR

geb. zu Utrecht 1636. † zu Amsterdam 1695.

90. *Der Geflügelhof.*

Vor seinem Stalle steht auf einer Stufe ein schreiendes Pfauenpaar. Links, erschreckt davonlaufend, eine weisse Gluckhenne mit ihren Küchlein, ein braungefiederter Hahn und andere Vögel. An einer Baumgruppe vorbei blickt man in eine von der untergehenden Sonne warm beleuchtete Landschaft, die hinten von einer Gebirgskette abgeschlossen ist. In ihrer Mitte befindet sich ein Weiher mit Enten.

Ganz prachtvolles Bild von sehr schöner Composition und superber Ausführung in abendlicher Stimmung.

Leinwand. Höhe 71. Breite 92 Cent.

HONDIUS, ABRAHAM,

geb. zu Rotterdam angeblich 1638? † zu London 1691.

91. *Der Raub der Europa.*

Auf dem gebirgigen Gestade des sich nach rechts ausdehnenden Meeres sitzt Europa auf dem blumengeschmückten Stier, der eben im Begriffe ist, ins Meer zu steigen. Sie ist umgeben von ihren Gespielinnen, die ihr zum Abschied Blumenkränze winden, während über ihr in einer dunkeln Wolke eine Gruppe von Amoretten Blumen streut.

Vorzügliches Decorationsbild von schöner Composition in hellem klarem Colorit breit behandelt als Vorwurf zu einem Gobelin der bekannten Serie.

Unten links mit dem vollen Namen und der Jahreszahl 1669 bezeichnet.

Leinwand. Höhe 111. Breite 142 Cent.

HONTHORST, GERARD VAN, gen. Gherardo dalle Notti,

geb. zu Utrecht 1590; † daselbst 1651

92. *Das lustige Trio.*

Weib mit halbentblösster Brust, die Flöte spielend, zwischen zwei dürftig gekleideten Männern, deren einer die Clarinette bläst, während der andere den Dudelsack spielt.

Ein in der derben Weise des Meisters breit behandeltes Bild.

Leinwand. Höhe 99, Breite 125 Cent.

HORST, G.,

Nachfolger des Rembrandt van Rijn; thätig um 1640–1650.

93. *Isaac segnet Jacob.*

Auf seinem Lager aufgerichtet sitzt Isaac, den mit Pfeilköcher umgürteten vor ihm knieenden Jacob segnend. Links erscheint hinter einem zurückgeschobenen Vorhange Rebekka.

Vortreffliches Galeriebild, welches die Fähigkeit dieses bedeutenden Rembrandt-Schüler in ganz hervorragender Weise zeigt. Ein Bild von der Hand des Meisters, denselben Stoff behandelnd, befindet sich in einer andern Auffassung in der Berliner Galerie, in deren Katalog auf unser Bild hingewiesen ist.

Oben rechts die Initialen: G. H.

Leinwand. Höhe 108, Breite 122 Cent.

HUGHTENBURGH, JACOB VAN,

geb. angeblich zu Haarlem 1630; † in Rom 1670

94. *Flusslandschaft.*

Ausgedehnte gebirgige Gegend, die ein Fluss durchzieht, an dessen Ufern mannigfaltige Gebäude und eine grosse Heerde. Im Vorgrunde auf einem breiten nach rechts führenden Wege eine zweite Heerde; die Hirtin, den Säugling an der Brust, auf einem Maulthiere reitend und der Hirte mit einer am Boden kauernden Alten redend. Abendliche Stimmung.

Schönes Decorationsbild in harmonischem goldigen Tone, das bisher als Berchem galt, indessen von den Autoritäten als ein Werk des Hughtenburgh erklärt wurde.

Leinwand. Höhe 108, Breite 135 Cent.

HULST, FRANÇOIS DE,

1631 Meister der Gilde Haarlem, † daselbst 1661

95. *Weit ausgedehnte Landschaft.*

Im Vorgrunde rechts erhebt sich, leicht ansteigend, ein Sandhügel, auf dem mehrere Weidenbäume und niedriges Gestrüpp; am Fusse desselben sitzt ein Mann neben seinem Tragkasten. Weiter nach links eine Gruppe von fünf Figuren und etwas weiter zurück ein sich unterhaltendes Paar. Im Mittelgrunde ziehen sich in langen Streifen Gebüsch und Baumgruppen hin, zwischen und hinter denen Schloss, Kirche und mehrere Windmühlen sichtbar werden.

Vortreffliches Bild in sehr schönem goldig-braunem Tone.

Holz. Höhe 56, Breite 71 Cent.

JANSSENS, JEROOM, gen. Le Danseur,

geb. zu Antwerpen 1624, † daselbst 1693.

96. *Gesellschaftsstück.*

In einem mit Gemälden ausgestatteten grossen Saale conversirt eine Anzahl vornehmer Damen und Herren. In der Mitte ein tanzendes Paar, dem einige im Hintergrunde auf einem Podium befindliche Musikanten aufspielen.

Vortreffliches Bild von schöner Composition und eleganter harmonischer Darstellung. Da nur mit kleinen Abweichungen, so verweisen wir bezüglich der Darstellung auf die Abbildung im Katalog der Galerie Lanfranconi Nr. 34 (Gonzales Coques). Unser Bild galt ebenfalls als Gonzales Coques, dessen Signatur es trägt, während es von Geheimrath Bode als eine Original-Arbeit des J. Janssens festgestellt wurde.

Leinwand. Höhe 93, Breite 123 Cent.

JONGHE, CLAUDE DE, (Jonge),

Maler zu Utrecht, wurde 1629 daselbst in die Malergesellschaft aufgenommen.

97. *Maria mit dem Kinde und dem hl. Laurentius.*

Auf einem freien Platze, der von antiken Gebäulichkeiten umschlossen, kniet rechts neben einer von Rebenranken um kränzten Säule, hinter dem Rost, der Heilige in vollem Ornate, die Hände über die Brust gekreuzt. Von Engelglorie umgeben, erscheint ihm in Wolken Madonna mit dem Kinde, welches ihm einen Lorbeerkranz aufs Haupt setzt. Im Vorgrunde links liegen in wirrem Durcheinander Kirchengefässe der verschiedensten Art, meist in Edelmetall.

Hervorragendes Altarbild des seltenen Meisters, vortrefflich und breit in der Behandlung, ungemein wirkungsvoll im Gesammt-Eindruck.

Bezeichnet auf der Säule:

G d'Jongh fecit 1634

Leinwand. Höhe 210, Breite 188 Cent.

JORDAENS, JACOB.

geb. zu Antwerpen 1593; † daselbst 1678.

98. *Studienkopf.*

Lebensgrosses Brustbild eines Alten mit langem greisen Vollbart, der das stark geröthete Gesicht mit niedergesenktem Blick umrahmt. Das lange weisse Lockenhaar bedeckt eine rothe Mütze.

Flotte charakteristische Studie in leuchtendem Rubens-Colorit.

Leinwand auf Holz. Höhe 55, Breite 44 Cent.

Bezeichnet: K D 1656.

99. *Bauernkirmes.*

In einer weit ausgedehnten Gebirgslandschaft sind auf dem freien Platze, vor einer Schlossruine, Buden und Zelte aufgeschlagen, vor und bei denen sich zahlreiche Figuren bewegen. Im Vorgrunde rechts zieht ein Paar mit beladenen Maulthieren heim.

Sehr schönes Bild, reich in der Composition, fein in der Zeichnung und hübsch im Colorit, auf einem liegenden Baumstumpfe links bezeichnet: K D 1656.

Kupfer. Höhe 30, Breite 38 Cent.

KALF, WILLEM.

geb. zu Amsterdam um 1620–1625, † 1693.

100. *Frühstücksbild.*

Auf einem mit olivfarbener Decke belegtem Tische steht auf grossem Wärmegefäss eine Schüssel mit angeschnittenem Schinken; daneben hoher Deckelpokal und Römer halbgefüllt, Senftöpfchen, Schüssel mit Crevetten und angeschnittener Citrone, Schale mit Nüssen, Messer etc.

Schöne Composition in malerischer Anordnung in noblem dunklem Tone. Bezeichnet.

Leinwand. Höhe 48. Breite 61 Cent.

KESSEL, JAN VAN.

geb. 1626 zu Antwerpen; † daselbst 1676.

101. *Blumenkranz.*

Dicht geflochtener, reizvoller Kranz farbenprächtiger Gartenblumen als Umrahmung des mit Schmetterlingen spielenden Amors.

Reizendes Bildchen von delikater, minutiöser Ausführung.

Holz. Höhe 18½. Breite 22 Cent.

KNYFF, WOUTER.

thätig schon 1640 in Haarlem; noch 1679 in Haarlem, aber auch zu Middelburg.

102. *Canallandschaft.*

Den ganzen Vorgrund nimmt, rechts von einem schmalen Landstreifen begrenzt, das Wasser ein, auf dem zahllose Segelboote und Kähne. Auf dem jenseitigen Ufer eine grosse Ruine, bei der zwei Fischer in Kahn. Weiter zurück Thurm und mehrere Häuser, an die sich das mit Figuren staffirte erhöhte Werft anschliesst.

Silbertöniges schönes Bild, den Schöpfungen des Jan van Goijen sehr nahekommend.

Leinwand. Höhe 44. Breite 65 Cent.

KÖLNER MEISTER DES TODES MARIA,

thätig in Köln um 1515—1530.

103. *Bildniss eines jungen Mannes.*

Brustbild in Dreiviertel-Wendung nach rechts, bartlos, in schwarzem gemustertem Gewande, über das ein weisses Chemisett mit goldgestickter Borde hervorschaut. Das glatt herabfallende lange rothblonde Haar bedeckt ein grosses rothes Barett. Blau-grünlicher Grund.

Fein gezeichnetes, ungemein reizvolles Bild, köstlich in seiner Farbenharmonie. Dr. Scheibler äussert sich über dasselbe wie folgt: „Vorliegendes Bild ist jedenfalls vom Meister des Todes Mariä oder von seinem wahrscheinlichen Schüler Bartholomäus Bruyn d. Ä. Das Bild ist beider gleichmässig bedeutenden Portraitisten durchaus würdig. Es liegt hier einer der Fälle vor, wo beide Meister schwer zu unterscheiden sind.“

Holz. Höhe 26, Breite 23 Cent.

LEEUW, PIETER DE.

Dordrechter Thiermaler; † nach 1678.

104. *Viehstück.*

Im Vorgrunde einer hügeligen Landschaft lagern zwei Kühe bei zwei Lämmern. Die Gruppe füllt eine rechts hinter niedrigem Zaun stehende braun-weiss gefleckte Kuh. Links bei entlaubtem Stamme Schafstall, vor dem mehrere Schafe und zwei Hirten, deren einer am Boden sitzt. Abendliche Stimmung.

Feines goldtöniges Bild, ganz in der Art des Adriaan van de Velde, mit dessen Signatur es auch bezeichnet ist. Dasselbe galt auch bisher für dessen Werk und rührt die Bestimmung seiner jetzigen Autorschaft von Geheimrath Bode her.

Holz. Höhe 33, Breite 32 Cent.

LIMBORCH, HENDRIK VAN.

geb. im Haag 1680, † daselbst 1759.

105. *Bildniss eines holländischen Rechtsgelehrten.*

Kniefigur, fast en face, bartlos, mit langer gepuderter Allonge-Perrücke in elegantem Hausgewande. Derselbe sitzt.

die Rechte auf das Corpus juris gestützt, an einem mit bunter Decke belegten Tische vor einem grossen Fenster, dessen weit zurückgeschobener rother Vorhang einen Blick in eine hügelige Landschaft gewährt.

Ansprechendes Bild, vornehm in Auffassung und Ausführung, schön in der Farbe.

Bezeichnet **HZimborch f^t^**

Leinwand. Höhe 58, Breite 50 Cent.

LINGELBACH, JOHANNES,

geb. zu Frankfurt a. M. 1623, † zu Amsterdam 1674.

106. *Italienische Flusslandschaft.*

Die linke Seite des Bildes nimmt ein breiter Fluss ein, dessen beide Ufer durch eine mehrbogige Steinbrücke verbunden sind, hinter der die Häuser der Stadt sichtbar werden. Auf einem freien Platze des Vorgrundes, vor hoher Ufermauer, lagert eine grosse Gesellschaft von Männern und Knaben, die theils zum Bade sich fertig machen, theils bei Kartenspiel und anderer Beschäftigung sind. Ein Stalljunge führt einen Schimmel und einen Braunen zur Schwemme.

Hervorragendes Werk des Meisters, das in glänzender Weise das Landschaftsbild sowie das Volksleben Italiens wiedergiebt. Die vortreffliche Ausführung und die contrastische Beleuchtung der untergehenden Sonne stempeln das Bild zu einer ganz hervorragenden Leistung des geschätzten Künstlers.

Bezeichnet: *Lingelbach*

Leinwand. Höhe 84, Breite 73 Cent.

LYS, (LIS), JOHANN, gen. Pan.

geb. zu Oldenburg 1570; † zu Venedig 1626.

107. *Die Toilette der Venus.*

Unter einem ein vollständiges Zeltdach bildenden Vorhange sitzt Venus völlig nackt auf rother Decke, von drei

Grazien und Amoretten bedient. Sie schaut in einen von Amor gehaltenen Spiegel. Links ausgedehnte Landschaft, in der Adonis erscheint. In der Höhe Gruppe blumenstreuender Amoretten.

Sehr gutes Bild vortrefflich in der Modellirung, die Carnation in feurigem Rubenscolorit. Die Autorschaft des früher Diepenbeck genannten Bildes rührt von Geheimrath Bode her.

Leinwand. Höhe 85. Breite 70 Cent.

LOOTEN, JAN,

geb. 1618; † in England 1681.

108. *Landschaft.*

Am Saume eines dichten Waldes vorbei führt ein breiter Weg über eine Holzbrücke nach links zu weiter Ferne, in der auf einem baumbewachsenen Hügel die Häuser und der Kirchthurm einer Ortschaft sichtbar sind. Im Vorgrunde auf einem abschüssigen Wege ein Bauer, auf Esel reitend. Leicht bewölkter Himmel.

In braunem Gesammttone vortrefflich ausgeführtes Bild, durch die silbertönige Wolkenbildung in wohlthuendste harmonische Wirkung gebracht.

Holz. Höhe 94. Breite 77 Cent.

LUNDENS, GERRIT,

geb. zu Amsterdam 1622; lebte daselbt noch 1677.

109. *Die sieben Todsünden.*

Dargestellt durch sieben Personen, fünf männliche und zwei weibliche, die in den verschiedensten Positionen als Gesellschaft in einer Schenke gruppirt sind und von denen drei als Hauptgruppe um einen Tisch sitzen.

Ganz hervorragendes Werk des Meisters, in dem er als der grosse Sittenmaler erscheint. Plastisch in feinster Modellirung, frisch in gutem Helldunkel, in glühendstem Goldtone.

Bezeichnet. Prov. Coll. Burger Paris.

Holz. Höhe 42. Breite 38 Cent.

110. *Die Kuchenbäckerin.*

An offenem Heerdfeuer sitzt, Kuchen backend, eine Frau, von ihrer Familie umgeben. Ein Knabe spricht dem ihm gereichten Kuchen kräftig zu. Der Mann sitzt nachlässig auf dem Stuhle, in der Rechten einen Krug, in der Linken eine Thonpfeife haltend.

Sehr gutes Bild in hübschem Colorit, etwas dunkel gehalten.

Holz. Höhe 44. Breite 35 Cent.

MAES, NICOLAS,

geb. zu Dordrecht 1632; † zu Amsterdam 1693.

111. *Männliches Bildniss.*

Brustbild eines jungen Mannes in schwarzem Gewande mit breitem, weit auf die Brust herabfallendem weissen Kragen, in Dreiviertel nach rechts gewandt; das blonde Haar wallt in langen Locken herab. Graulicher Grund.

Geistreich behandeltes Bildchen, das den Einfluss Rembrandts nicht verkennen lässt.

Holz. Höhe 29. Breite 25½ Cent.

MAGNASCO, ALLESANDRO, gen. Lissandrino,

lebte zwischen 1681 und 1747.

112. *Seesturm.*

Wild erregte See, deren Wogen gegen einen mit Burgruine bestandenen Berg emporschlagen. Im Vorgrunde am Gestade einige Mönche und ein Schiffer, die in Verzweifelung dem Untergange einiger Schiffe zuschauen und den Schiffbrüchigen die Absolution ertheilen.

Geistreiches Bild, in seiner flotten, breiten Behandlung von hochkünstlerischer Bedeutung mit dramatischer Wirkung. Das Bild, das bisher als ein Werk des Salvator Rosa galt, dessen Monogramm es auch trägt, wurde von Geheimrath Bode dem Magnasco zugeschrieben.

Leinwand. Höhe 88. Breite 111 Cent.

MAHU, CORNELIS.

geb. zu Antwerpen 1613; † daselbst 1680.

113. *Bauernbelustigung.*

In einem scheunenartigen Raume tanzt links im Vorgrunde ein Paar zum Spiele eines rechts auf Tonne sitzenden Geigers. Als Mittelgruppe Alte, mit einem Zecher schäkernd, rauchende Matrone und mehrere Kinderfiguren, deren eine mit einem Hunde spielt.

Vortreffliches Werk des Meisters in abgerundeter Composition und in dem Ostade würdigen Goldtone vorzüglich ausgeführt, welchem Meister das Bild auch zugeschrieben wurde, bevor es von den Autoritäten dem Mahu gegeben worden ist.

Holz. Höhe 43, Breite 30 Cent.

MANGLARD, ADRIAEN.

geb. zu Lyon 1695; † zu Rom 1760.

114. *Italienischer Seehafen.*

Rechts die hohe gebirgige Küste. Im Vorgrunde ein romantisches Felsgebirge, auslaufend mit Landzunge, auf welcher runder verfallener Thurm, bei welchem mehrere Schiffe landen. Auf dem Gestade des Vorgrundes mehrere Figuren, die sich theils bei einem Kahne, in dem zwei Fischer, zu thun machen. Von links naht ein Segelboot.

Schönes, pastos behandeltes Bild von vollendeter Farbenstimmung.

Leinwand. Höhe 42, Breite 52 Cent.

MASSYS, JAN.

geb. zu Antwerpen 1509; † daselbst 1575

115. *Die Geldzähler.*

Lebensgrosse Halbfiguren, in einer Stube hinter einem mit grünem Tuche belegten Tische sitzend. Ein bebrillter älterer Mann mit turbanartiger rother Kopfbedeckung macht seine

Einzeichnungen in einem Buche, während sein Genosse, sich an seine Schulter lehnend, das Haupt mit schwarzem Tuche bedeckt, Geld und Geschmeide aus einem Beutel schüttet. Auf einem Hängebrette stehen Leuchter, Schachtel mit Urkunden etc.

Vortreffliche Wiederholung der bekannten Composition des Quinten Massys mit kleinen Variationen, sehr schön und leuchtend im Colorit.

Holz. Höhe 98, Breite 72 Cent.

MEGAN, G. E.

Landschaftsmaler aus Brabant, blühte in Wien gegen Ende des XVII. Jahrhunderts.

116. *Romantische Landschaft.*

Rechts und links Gruppen hoher Bäume, zwischen denen rechts ausgedehnte Gebäulichkeiten liegen. Als Staffage Jacob und Rahel.

Interessantes, flott behandeltes Bild von schönem und leuchtenden Incarnat.

Leinwand. Höhe 75, Breite 98 Cent.

METSU, GABRIEL.

geb. angeblich 1629 oder 1630, † zu Amsterdam 1667.

117. *Venus und Amor in der Schmiede des Vulkan.*

In einer Felshöhle steht links im Vorgrunde am Amboss Vulkan, Waffen schmiedend, die, zum Theil fertig, den Vorgrund einnehmen. Er holt eben zu wuchtigem Schlage aus. Rechts hinter ihm erscheint, bei der Esse beschäftigt, sein Gehülfe. Rechts im Vorgrunde steht nackt, fast ganz vom Rücken gesehen, Venus, von Amor begleitet.

Hochinteressantes Werk des Meisters in einer äusserst selten bei ihm vorkommenden mythologischen Composition.

Oben links die Bezeichnung GMetsu

Holz. Höhe 37, Breite 33 Cent.

MEIREN, JAN-BAPTIST VAN DER.

Antwerpener Maler von 1604 bis um 1708.

118. *Flusslandschaft mit reicher Staffage.*

Zwischen hohen gebirgigen Ufern durchschlängelt sich, die Mitte der ganzen Composition einnehmend, ein Fluss, auf dem zahllose bemannte Segelboote. Auf beiden Ufern erscheinen Ortschaften mit grossen Ruinen, namentlich im Vorgrunde, belebt von geschmackvoll gruppirter, ausserordentlich reicher Figurenstaffage im Geschmack des Teniers mit Gruppen von Reitern und Fussgängern, Lastkarren, Wagen, Viehheerden etc. etc. Bei leicht bewölktem Himmel ist die Darstellung von der eben untergehenden Sonne sehr prächtig beleuchtet.

Vortreffliches Bild, sehr angenehm und harmonisch im Tone.

Holz. Höhe 55, Breite 73 Cent.

MICHAULT, THEOBALD.

geb. zu Doornik (Tournay) 1676, † zu Antwerpen 1765.

119. *Flusslandschaft.*

Die linke Seite des Bildes nimmt das Wasser ein, das reich belebt von zahlreich besetzten Segelbooten und Kähnen, Enten etc.; im Vorgrunde landet eben ein schwer mit Waaren beladener Kahn. Das sich nach rechts zu einem weiten hügeligen Gelände ausbreitende Ufer zeigt eine ungemein reiche Staffage: bei einer grossen Heerde von Kühen und Schafen tanzt ein Paar zum Flötenspiele eines auf einem Esel sitzenden Hirten; im Vorgrunde Gemüsehändler; rechts vor der Schenke hält ein Reiter.

Vortreffliches Werk des Meisters, in ungemein reicher Composition bei reizvollster Vertheilung der Staffage in hellem malerischen Tone.

Unten rechts die Bezeichnung: T. Michau.

Leinwand. Höhe 59, Breite 82 Cent.

MIEREVELT, PIETER.

geb. zu Delft 1596. † daselbst 1623.

120. *Männliches Bildniss.*

Brustbild, fast enface, mit kurzgeschnittenem Haar, Schnurr und Knebelbart; er trägt ein schwarzes Gewand mit breitem enganliegendem Spitzenkragen. Dunkler Grund.

Schönes Bild von charakteristischer Auffassung.

Holz. Höhe 61, Breite 51 Cent.

MIERIS, WILLEM VAN.

geb. zu Leiden 1662, † daselbst 1747.

121. *Joseph und das Weib Potiphars.*

Auf ihrem Himmelbette sitzt auf schöner rothseidener Decke Potiphars Frau, völlig entkleidet mit übergeworfenem Mantel. Mit flehender Miene sucht sie den sich abwendend Davon eilenden zurück zu halten.

In der bekannten fleissigen emailartigen Ausführung des Meisters schönes vollendetes Bild in goldigem Tone.

Bezeichnet: W VON MIERIS F

Holz. Höhe 41, Breite 31½ Cent.

MIGNARD, PIERRE, gen. Mignard le Romain.

geb. zu Troyes 1612; † zu Paris 1695.

122. *Madame de Maintenon.*

Brustbild, fast ganz en face, mit gepuderter Lockenfrisur und freundlich lächelndem Gesichtsausdruck. Sie trägt ein tief ausgeschnittenes, leichtes Gewand mit über die Schultern geworfenem pelzgefüttertem Umhange. Graulicher Grund.

Feines ansprechendes Portrait in glatter delikater Malerei.

Leinwand. Höhe 50, Breite 42 Cent.

MOLENAER, CLAES.

1651 Meister der Haarlemer Gilde.

123. *Landschaft mit den ausgedehnten Ruinen eines Schlosses.*

Den ganzen Vor- und Mittelgrund des Bildes nehmen Ruinen ein, neben und auf denen Bäume und Gesträuch; eine zahlreiche Figurenstaffage in einzelnen Figuren und Gruppen belebt die Composition.

Ausgezeichnetes Werk des Meisters in warmem Goldton.
Rechts auf einer Mauer die Bezeichnung:

K Molenaer
1648

Leinwand. Höhe $41\frac{1}{2}$ Breite $30\frac{1}{2}$ Cent.

124. *Winterlandschaft.*

Rechts zieht sich nach weiter Ferne ein zugefrorener Fluss, auf dessen Eis mehrere Schlittschuhläufer. Im Vorgrunde links bei hohen entlaubten Bäumen ein Bauernhaus, von dem ein mit Schimmel bespannter Schlitten eben abführt.

Reizendes, fein gestimmtes Bild
Unten links bezeichnet: K. Molenaer.

Holz. Höhe $18\frac{1}{2}$ Breite 22 Cent.

125. *Winterlandschaft.*

Ueber ein die linke Seite des Bildes einnehmendes zugefrorenes Wasser, auf dessen Eise zahlreiche Schlittschuhläufer und ein mit Schimmel bespannter Frachtschlitten, führt in mehreren Bogen eine Steinbrücke zu den links liegenden ausgedehnten Gebäulichkeiten, zu denen im Vorgrunde eine Steintreppe hinaufführt, bei der mehrere Figuren, dabei zwei Männer ein Fass tragend.

Treffliches Werk des Meisters, reich in der Composition und elegant in schönem Goldton. Monogrammirt.

Holz. Höhe 28 Breite 25 Cent.

MOLENAER, JAN MIENSZE.,

gestorben 1668 in Haarlem

126. *Das Pantoffelspiel.*

Als Hauptfigur, auf einem Stuhle sitzend, eine Frau mit weisser Jacke, weisser Schürze und weisser Haube mit ausgezogenem Pantoffel, den linken Fuss hochhaltend; um sie herum sind vierzehn verschiedene Figuren gruppirt, um mit dem Spiele zu beginnen. Rechts sitzt ein braun-weiss geflecktes Hündchen; ein Knabe läuft zur Thüre, in der noch zwei Figuren erscheinen. Im Hintergrunde links sitzt ein Paar bei gedecktem Tische.

Interessantes holländisches Sittenbild in reicher Composition, vortrefflich von Qualität, in glühendem Goldton.

Holz. Höhe 40, Breite 56 Cent.

MOLYN, PIETER, d. A.,

geb. zu London 1596 oder um 1600, † zu Haarlem 1661

127. *Gebirgige Landschaft.*

Eine weite Gebirgskette fällt nach rechts zu einem weit ausgedehnten Flachterrain mit Stadt am Wasser allmählich ab. Links führt ein Hohlweg zu einem Waldeingange, wellenförmig ansteigend. Auf demselben als Staffage vier Reiter, Bettler mit Kind, einzelne Figuren und Hund. Im mittleren Vorgrunde eine Frau in rother Jacke mit Hund bei einem auf der Erde sitzenden Angler.

Ausgezeichnetes Werk des Meisters, breit und voll im Vortrag und harmonisch in dem Farbenauftrag.

Bezeichnet: 

Holz. Höhe [illegible], Breite [illegible] Cent.

MOMMERS, HENDRIK.

geb. angeblich 1623 zu Haarlem; † angeblich daselbst 1697.

128. *Gemüsemarkt vor dem Pantheon in Rom.*

Den Platz füllen in einzelnen Gruppen die Verkäufer und Verkäuferinnen; die verschiedenartigsten Gemüse sind theils in Körben vor ihnen ausgebreitet. Ochsenbespannte Wagen und beladene Maulthiere bringen neue Waaren herbei.

Prächtiges, bunt belebtes Bild von ganz hervorragender Qualität des Meisters. Unten rechts bezeichnet H. Mommers.

Holz. Höhe 58, Breite 90 Cent.

MOMPER, JOOS (JODOCUS, JOSSE) DE.

geb. zu Antwerpen 1564; † daselbst 1635.

129. *Der Bauernhof.*

Beschattet von einzelstehenden hohen Bäumen, liegen, zerstreut und theilweise durch Plankenzaun getrennt, Scheunen und andere Gebäulichkeiten mit hohen strohgedeckten Dächern bei einer mit Gras bedeckten Fläche, auf der eine Anzahl Schweine, Rinder und Geflügel. Links ein kleines, von primitivem Steg überbrücktes Wasser, auf dem einige Enten; vorne ein mit Gaul bespannter Karren, dessen Führer sich mit zwei Frauen im Gespräche befindet, welche die Wäsche zu reinigen im Begriffe sind und eine Magd, die sich bei einem Ziehbrunnen beschäftigt.

Reich staffirtes, lebendig componirtes Bild von vortrefflicher klarer Färbung und fleissiger Durchführung.

Holz. Höhe 46, Breite 74 Cent.

130. *Romantische Gebirgslandschaft.*

Rechts und links gewaltige Felsmassen, zwischen und auf denen Schlossgebäulichkeiten, Ruinen, Kirchen etc. Im Vordergrunde rechts ein Wasser; auf dem breiten Felswege im vorderen Mittelgrunde eine Karawane von Maulthieren, begleitet von mehreren Reitern, deren einer von einem Bettler angesprochen wird.

Interessantes tüchtiges Bild in bräunlichem und grünlichem Tone. Die Staffage dem älteren Teniers zugeschrieben

Holz. Höhe 51, Breite 75 Cent.

MORANDA, PAOLO, gen. Cavazzola.

1486–1522

131. *Judith.*

Bis zur Hüfte dargestellt steht dieselbe en face in Lebensgrösse in violett-braunem Gewande, dessen geschlitzte Aermel ein weisses Unterkleid erscheinen lassen, mit gelbem Halstuche. In der Linken, mit der sie das Gewand aufhebt, hält sie das Schwert.

Hervorragendes Bild in der dem Meister eigenen Farbengebung und von superber Ausführung. Die Bestimmung der Autorschaft rührt von Prof. Bayersdorfer her und ist von Geheimrath Bode bestätigt worden.

Leinwand. Höhe 82, Breite 65 Cent.

MOYA, PEDRO DE.

geb. 1610 zu Granada, † daselbst 1666.

132. *Grosser dreitheiliger Klappaltar.*

Das Mittelbild zeigt eine Glorification der Jungfrau Maria, die, in Wolken schwebend, von einer grossen Anzahl theils musicirender und theils psalmirender Engel verehrt und umschwebt wird. Der linke Flügel stellt die Verkündigung Mariä, der rechte die Anbetung der Hirten dar. Auf den Aussenflügeln, unter einer grau in grau gehaltenen Bogenstellung mit Guirlanden, die Standfiguren der hl. Margaretha und des hl. Alexius.

Hochinteressantes Werk des seltenen, eine hohe kunstgeschichtliche Bedeutung habenden Meisters, der seine Vermischung der vlämischen Schule mit den Eigenthümlichkeiten der spanischen Schule auf das Eclatanteste zeigt.

Holz. Oben gerundet. Ganze Höhe 138, Breite, aufgeschlagen 187 Cent.

NEEFS, PIETER, d. Ä.,

geb. z. Antwerpen 1578, lebte daselbst noch 1656, † vor 1661

133. *Kirchen-Inneres.*

Gothische Kirche mit weiten Säulenhallen. Man blickt durch das Mittelschiff auf die Empore und den Hochaltar und auf einen Theil der Seitenaltäre im rechten Seitenschiffe. Der vordere Theil ist durch ein hohes Fenster noch hell erleuchtet, während im Uebrigen bereits Dämmerlicht herrscht, durch brennende Armleuchter spärlich erhellt. Durch den ganzen Raum bewegt sich eine Figurenstaffage: als Hauptgruppe, links aus der Sakristei tretend, ein Geistlicher mit fünf Herren, mit erklärenden Gesten unter Vorantritt eines Fackelträgers.

Vortreffliches Bild in grosser Wärme des Tones, weich und fein in der Ausführung. Unten rechts bezeichnet mit dem vollen Namen

Holz. Höhe 39, Breite 64 Cent.

NEEFS, PIETER, d. J.,

geb. zu Antwerpen 1620, thätig daselbst noch 1675

134. *Kirchen-Architekturstück.*

Das Innere einer hochgewölbten gothischen Kirche mit edel aufsteigenden Säulen und hohen gemalten Glasfenstern. Man blickt durch das ganze Langschiff und theilweise in die Seiten-Kapelle mit ihren Altären. Reiche Figurenstaffage: in der vorderen Seiten-Kapelle mehrere Andächtige, dem hl. Mess opfer beiwohnend, andere nahen der hl. Handlung; rechts Benedictiner-Mönch, mit zwei Damen im Gespräch, von einem Bettler angesprochen; vorne Cavalier mit Hund etc. etc.

Sehr schönes Bild in der bekannten Detailausführung und correcten Zeichnung des Meisters in heller Färbung des vollen Tageslichtes. Die Staffage von der Hand des Ambrosius Francken. Rechts auf dem Sockel einer Säule die Signatur (siehe Abbildung). Prov.: Galerie Hohenzollern.

Holz. Höhe 50, Breite 64 Cent.

135. *Kirchen-Interieur.*

Das Innere einer gothischen Kirche mit hohen von schlanken Säulen getragenen Gewölben, mit Blick auf das Mittelschiff und auf die Seitenaltäre, reich ausgestattet mit Lettner, Epitaphien, Wappenschildern etc. In den weiten Hallen bewegt sich eine reiche Figurenstaffage in meist vornehmen Costümen. Einzelne Andächtige knieen vor den Altären.

Superbes Bild ungemein klar und hell in der Beleuchtung, die Staffage von der Hand des Palamedesz.

Holz. Höhe 49, Breite 68 Cent.

137. *Wachtstube.*

Links bei der geöffneten Thüre ein Officier und Soldat, welche einigen Genossen zuschauen, die bei einer Trommel mit Kartenspiel beschäftigt sind. Im Hintergrunde auf einem Treppen-Aufgange ein zweiter Officier mit mehreren Soldaten.

Kunsthistorisch interessantes Bild, welches bisher dem Jan Duck zugeschrieben und von Dr. Bredius als ein Werk des seltenen Meisters erklärt wurde, dessen Eigenthümlichkeiten und restliche Signatur es auch trägt.

Holz mit eingebrannter Sternmarke. Höhe 28½, Breite 43½ Cent.

NICKELEN, ISAAC VAN.

1660 Mitglied der Gilde zu Haarlem; † 1703.

138. *Kirchen-Architektur.*

Inneres einer Renaissance-Kirche mit Blick auf das Mittelschiff und die Orgel; im Vorgrunde links die Kanzel; an den Säulen Wappenschilder, Epitaphien etc. Das abendliche Licht erleuchtet schwach die linke Seite, während die anderen Theile bereits im Dunkeln liegen. Figurenstaffage.

Schönes Bild.

Holz. Höhe 50, Breite 37 Cent.

OMMEGANCK, BALTHAZAR PAUWEL.

1755—1826.

140. *Landschaft mit Vieh.*

Weite flache Fernsicht mit am fernsten Horizonte eben erscheinender grosser Ortschaft. Im Vorgrunde links liegen am

Fusse eines hohen Baumes bei verfallener Planke Kuh und Esel; dabei steht schlafend ein Schecke.

Fein und fleissig ausgeführtes Bildchen mit Anklängen an Potter'sche Compositionen und Vorwürfe.

Holz. Höhe 23, Breite 23 Cent.

OS, JAN VAN.

Meister von Middelharnis 1744–1808.

141. *Blumenstück.*

Auf einem Steinsockel steht eine grosse reiche Marmorvase, in der dicht gefüllt ein Strauss der prächtigsten Gartenblumen, theils mit breiten Blättern, auf denen Schmetterlinge umherkriechen. Auf dem Sockel und der Steinplatte liegen daneben prächtige Trauben, zwei Pfirsiche und zwei grosse Pflaumen, bei welchen eine Schnecke kriecht.

Vortreffliches Bild, superb in Zeichnung, leicht und angenehm in seinem nobelen Ton.

Auf dem Sockel die Bezeichnung: *G. V. Os. f*

Leinwand. Höhe 96, Breite 105 Cent.

OSTADE, VAN ADRIAEN.

geb. zu Haarlem 1610; † daselbst 1675.

142. *Bauernstück.*

In einer altholländischen Bauernstube sitzt bei einem runden Tische ein älteres Paar, die Frau mit Trinken und der Mann mit dem Lesen in einem Schriftstücke beschäftigt. Hinter ihnen ein rauchender Mann, der den Beiden zuschaut.

Ganz vortreffliches Werk des Meisters von vorzüglicher, feiner Qualität in schönem Goldtone.

Bezeichnet: *A. v. Ostade f.*

Holz. Höhe 26, Breite 21 Cent.

OSTADE, VAN ISACK.

geb. zu Haarlem 1621, † daselbst 1657.

143. *Lustige Gesellschaft.*

In einem scheunenartigen Raume, in dem zerbrochenes Rad, alte Körbe, Gefässe und Geräthe aller Art auf dem Boden umherstehen und liegen, sitzt in malerischer Gruppe eine Gesellschaft von neun Figuren, Männer, Weiber und Kinder, zechend, singend und sich sonst vergnügend.

Ganz hervorragendes Werk des Meisters humorvoll in der Auffassung, ungemein fein und leicht in Zeichnung und Colorit, den Arbeiten des Adriaen van Ostade vollständig ebenbürtig und ähnlich und jedenfalls aus der Zeit des Zusammenwirkens beider Brüder.

Bezeichnet: Ostade

Holz, Höhe 33½, Breite 43 Cent.

PALAMEDESZ, STEVAERTS ANTONI.

geb. zu Delft um 1600, † in Amsterdam 1673.

144. *Conversationsscene.*

Eine Gesellschaft feingekleideter Cavaliere und Damen ist in einzelnen Paaren auf der rechten Seite des Bildes gruppirt. Ein Page füllt die Gläser. Links eine Gruppe von drei Figuren, musicirend und singend. Im Vorgrunde zwei Hunde; im Hintergrunde zwei Diener bei Weinkühler beschäftigt.

Interessantes Sittenbild niederländischen Lebens, feingezeichnet und glänzend in der Farbengebung.

Holz, Höhe 38, Breite 53 Cent.

145. *Wachtstube.*

Als Hauptfigur sitzt in der Mitte des Bildes ein Officier in reicher Uniform, mit gelbem Koller und blauer Schärpe, nachlässig auf einem Stuhle; neben ihm der Trommler die Trommel rührend. In der Umgebung in einzelnen Figuren mehrere

Kriegsleute, einer mit der Muskete. Rechts eine Gruppe von sechs Soldaten mit Kartenspiel bei offenem Thorbogen, durch den eine Figur das Wachtlokal verlässt.

Schöne Composition, ungemein kräftig und leuchtvoll im Colorit, namentlich der beiden Hauptfiguren. Unten links mit dem vollen Namen bezeichnet.

Holz. Höhe 35, Breite 44 Cent.

POELENBURGH, CORNELIS,

geb. zu Utrecht 1586; † daselbst 1667.

146. *Göttermahl.*

In düsteren Wolken sitzen, von der schwach durchscheinenden Sonne beleuchtet, die Götter und Halbgötter des Olymps an langer gedeckter Tafel. In einzelnen Gruppen links Jupiter mit seinen Trabanten, rechts Venus mit Amor und Mars. In der Höhe schwebende Amoretten, Blumen streuend, in die Posaune stossend etc.

Sehr schönes Bild mit der dem Meister eigenen zarten und feinen Behandlung der Fleischpartieen und aller Details.

Leinwand. Höhe 72, Breite 90 Cent.

RECCO, CAV. GIUSEPPE,

Maler von Neapel, 2. Hälfte des XVII. Jahrh.; † in Alicante

147. *Frucht- und Blumenstück.*

Im Vorgrunde einer Landschaft liegen um eine angeschnittene Melone, Trauben, Pfirsiche, Datteln, Aepfel, Blumengehänge etc.; dabei sitzt eine Taube. Rechts eine sprudelnde Fontaine, mit sich um dieselbe rankenden Winden und anderen Schlingpflanzen.

Reiche Composition in schönem Colorit. Schönes Decorationsbild

Leinwand. Höhe 98, Breite 123 Cent.

RECCO, CAV. GIUSEPPE

148. *Frucht- und Blumenstück.*

Um eine Schüssel mit Erdbeeren und eine Metallvase gruppiren sich Melonen und andere Früchte. Dazwischen gruppiren sich Schneeballen und andere Blumen.

Gleiche Ausführung. Gegenstück.

Leinwand. Gleiche Grösse.

REMBRANDT, HARMENSZ VAN RIJN.

geb. zu Leiden 1606; † zu Amsterdam 1669.

149. *Grosse Landschaft mit Juda und Thamar.*

Die rechte Seite des Bildes zeigt den Auslauf einer alten düsteren Waldung in einer Gruppe mächtiger dichtbelaubter Bäume. Nach links hin, durch eine Schonung unterbrochen, setzt der Wald mit jüngerem Baumwerk sich fort. Am Fusse des mächtigsten Baumes sitzen kosend Thamar und Juda. Den breiten, zum Vordergrund führenden Weg vor ihnen, sowie die hügelige Lichtung links belebt eine weitzerstreute Heerde von Ziegen und Lämmern. Links im gelichteten Gehölz werden auch andere Figuren noch sichtbar. Das von links her kommende Licht durchleuchtet die junge grüne Waldung, rechts aber bleibt der alte Wald düster und nur die Spitzen seiner vordersten Bäume werden von dem goldenen Lichte gestreift.

Gewaltiges Bild von packendster Wirkung und von magischem Zauber in seiner Beleuchtung. Seine eingehende Beschreibung und Würdigung findet dieses Capital-Werk des grossen Meisters in C. Vosmaer's „Rembrandt sa vie et ses œuvres" pag. 300. Prov. Sammlung Baron Kolisch, Pesth.

Bezeichnet *Remb 1640*

Leinwand. Höhe 91. Breite 147 Cent.

RIBERA, JUSEPE DE, gen. Spagnoletto,

geb. zu Játiva 1588 † zu Neapel 1656

150. *Der hl. Petrus.*

Brustbild des Apostelfürsten, der in Dreiviertel-Wendung nach rechts dargestellt und bekleidet mit braunem Mantel, in der nervigen Linken den Schlüssel hält.

Treffliches Bild von kräftiger Zeichnung und grosser Wirkung im Helldunkel.

Leinwand. Höhe 66, Breite 50 Cent. In geschnitztem Rahmen.

151. *Der Apostel Philippus.*

Lebensgrosse Halbfigur im Profile nach rechts mit grauem langen Barte, in braunem Gewande, in der Rechten den Kreuzstab haltend.

Gegenstück zum Vorigen in gleich vortrefflicher Ausführung und Wirkung.

Leinwand. Gleiche Grösse. Ebenso.

ROMBOUTS, JILLES (GILLIS),

thätig in Haarlem zwischen 1652–1663.

152. *Waldlandschaft mit Jagdgesellschaft.*

Walddickicht mit hohen Bäumen, dichtem Buschwerk und niedrigem Gestrüpp. Vom rechten Vorgrunde schlängelt sich zuerst nach links dann wieder weit nach rechts ins Dickicht hinein ein breiter ausgefahrener Weg, auf dem im Vorgrunde Herr und Dame zu Pferde, mehrere Treiber und im fernsten Hintergrunde noch andere Reiter. Der Weg neigt sich links im Vorgrunde sanft ab zu einem Tümpel, aus dem zwei Hunde saufen, während der hinter ihnen knieende roth gekleidete Junge aus seinem Hute trinkt. Auf dem links aus dem Dickicht führenden Seitenwege galoppirt ein Reiter mit zwei Hunden. Abendliche Beleuchtung mit wolkenbedeckten Himmel, von den letzten Strahlen der schwach durchschimmernden Sonne nur noch im Vorgrunde und nach rechts hin beleuchtet.

Grossartig entworfenes Bild unter hervorragendem Einflusse des Ruisdael entstanden und seinen Arbeiten so nahe kommend, dass es in leicht erklärlicher Weise bisher für eine Schöpfung dieses grossen Meisters gegolten. Seine jetzige Bestimmung rührt von Geheimrath Bode her.

Leinwand. Höhe 66, Breite 84 Cent.

ROMEYN, WILLEM,

Schüler des Berchem 1642; thätig zu Haarlem, lebte daselbst noch 1693.

153. *Landschaft mit Vieh.*

Leichthügeliges Gelände; im Vorgrunde, von der durch schwere Wolken durchscheinenden Sonne beleuchtet, eine Gruppe von Kühen, Schafen und Ziegen. Rechts etwas zurück das Hirtenpaar.

Vortrefflilches, ansprechendes Bild, charakteristisch durch die Feinheit der grauen landschaftlichen Stimmung und die klare Luft.

Bezeichnet: WRomeyn

Holz. Höhe 35, Breite 33 Cent.

ROOS, PHILIPP PETER, gen. Rosa di Tivoli,

geb. zu Frankfurt a. M. 1651; † zu Tivoli 1705.

154. *Viehstück.*

Im Vorgrunde einer italienischen Landschaft mit am Fusse einer Gebirgskette liegenden Ortschaft lagert ein Bulle; rechts davon steht eine Kuh hinter einer Gruppe von drei Ziegen. Links kauert der Hirt neben seinem Hunde.

Grosses in der bekannten Manier des Meisters pastos gemaltes Bild.

Leinwand. Höhe 125, Breite 168 Cent.

ROTTENHAMER, JOHANN.

geb. zu München 1564. † zu Augsburg 1625.

155. *Die Israeliten in der Wüste.*

Figurenreiche Composition mit zahllosen vereinzelten Gruppen. Man blickt an einem romantischen Felsgebirge vorbei in einen ausgedehnten Hintergrund, in dem das Zeltlager.

Vortreffliches Bild, gut in der Zeichnung und klar im Colorit. Der landschaftliche Hintergrund dem Paul Bril zugeschrieben.

Holz. Höhe 80, Breite 69 Cent.

156. *Mariä Besuch bei Elisabeth.*

Im Vorgrunde einer waldigen Landschaft begrüssen sich die beiden Frauen in einer Umarmung. Links steht auf der Steintreppe seines Hauses Zacharias, rechts der hl. Joseph.

Sehr hübsches Bildchen in weichem angenehmen Colorit.

Kupfer. Höhe 34, Breite 24 Cent.

RUBENS, PETER PAUL,

geb. zu Siegen 1577; † zu Antwerpen 1640.

157. *Achilles, entdeckt unter den Töchtern des Lycomedes.*

Bei reich sculptirten Säulenbauten die aus sechs Frauen bestehende Gruppe der Töchter des Lycomedes, die das Geschmeide bewundern, während der in Frauenkleidern steckende Achilles in Hast nur nach dem Helme greift, den er auf sein Haupt zu setzen im Begriffe ist. Rechts, in Begleitung eines Mannes, Odysseus, vergnügt lächelnd über den Erfolg seiner List. Oben in der Höhe schwebende Amoretten mit Blumen.

In glühender Farbenpracht ausgeführte Farbenstudie des grossen Meisters. Das herrliche, geistvoll componirte Bild ist eingehend beschrieben in Smith's Catalogue II, Seite 251 No. 851.

Leinwand. Höhe 112, Breite 143 Cent.

158. *Reiterkampf auf einer Bogenbrücke.*

Eine breite Steinbrücke, die über einen die ganze Breite des Bildes einnehmenden Fluss führt, stürzt in ihrer rechten Hälfte soeben zusammen und begräbt unter ihren Trümmern, die mit den im heftigen Kampfe begriffenen Reitern ein wildes Gewirre bilden, in den Fluthen. Mehrere Gefallene suchen sich auf den linken Theil der Brücke zu retten, auf dem, ungeachtet des geschehenen Unglückes, der Kampf noch heftig fortwüthet, während noch ein Theil gerade einbricht und zwei Reiter dem Verderben überliefert.

Ausgeführte Farbenskizze, welche in ihrer Composition, in ihrer Zeichnung, Farbe und in ihrem gewaltigen Vorwurf den grossen Meister unverkennbar und unbestritten in seiner vollen Genialität zeigt.

Leinwand. Höhe 42½, Breite 68 Cent.

RUISDAEL, JACOB,

geb. zu Haarlem um 1628 oder 1629, † zu Haarlem 1682

159. *Landschaft mit breiter Allee.*

Rechts liegt hinter hohen Tannen ein Gehöft mit umgeben dem Plankenzaun. An demselben vorbei zieht sich nach dem Vorgrunde rechts zu ein Bach, mehrere Wasserfälle bildend. Links führt eine breite, von mehreren Figuren belebte Allee, deren Weg von den letzten Strahlen der untergehenden Sonne wirksam beleuchtet wird. Die Stämme und das Laub der Bäume, welche sich rechts zu einem Bogen zusammen gefügt, gewähren einen reizvollen Durchblick in die helle Hinterlandschaft mit Gebüsch und Hügelkette.

Hochpoetisches stimmungsvolles Werk des Meisters, ungemein duftig und wirkungsvoll in der Beleuchtung.

Bezeichnet: 

Leinwand. Höhe 67, Breite 54 Cent.

RUISDAEL, JACOB SALOMONSZ. VAN,

geboren wahrscheinlich zwischen 1630 und 1640, † wahrscheinlich 1681

160. *Die Heerde am Waldeingange.*

In der Lichtung eines dichten Waldes, an dessen Eingang knorrige Eichen und Weiden, und der sich nach rechts zu einem, den ganzen Mittelgrund einnehmenden dichten Buschwerk hinzieht, lagert auf sanft ansteigendem Weideplan eine Heerde von Kühen und Schafen. Der Hirt sitzt, vom Rücken gesehen, auf der Höhe. Ein Theil der Kühe ist herabgestiegen und watet, theils tief, in dem den ganzen Vorgrund des Bildes einnehmenden und nach rechts sich hinziehenden Flusse.

Capitalbild von grossartiger Composition und superber Behandlung der Baumpartien und der Thiere. Dies kostbare Meisterwerk in herrlicher Lichtwirkung, welches bisher dem Jacob Ruisdael zugeschrieben wurde, gehört in seiner Uebereinstimmung mit den bekannten bezeichneten Bildern des Jacob Salomonsz. Ruisdael diesem an, dem es auch von allen Kunstautoritäten übereinstimmend zugeschrieben wurde. Das Prachtgemälde zählt entschieden zu den bedeutendsten Schöpfungen dieses vorzüglichen Meisters.

Leinwand. Höhe 112, Breite 155 Cent.

RUISDAEL, SALOMON VAN,

geb. zu Haarlem um 1600, † daselbst 1670.

161. *Grosse Canallandschaft.*

Vom linken Vorgrunde her zieht sich in grossem Bogen der Canal, auf dem ein besetzter Kahn. Auf dem Ufer rechts bei einem Waldeingange eine grosse Schenke, vor der ein Wagen hält und sich zahlreiche Figuren bewegen. Auf dem Hügelwege, längs des Wassers, Reiter und eine Gruppe dreier Bauern. Auf dem linken Ufer zwischen dichten Bäumen und Gebüsch ein schlossartiges Gebäude; im Vorgrunde auf einer Landzunge mehrere Kühe. Abendliche Stimmung bei bewölktem Himmel.

Reich componirtes in bräunlich-gelbem Tone superb ausgeführtes Bild, welches den grossen Haarlemer Meister vortrefflich vertritt.

Unten rechts mit dem vollen Namen bezeichnet.

Leinwand. Höhe 73, Breite 98 Cent.

162. *Canallandschaft.*

Den ganzen Vorgrund nimmt das Wasser ein, in welches links eine Landzunge einschneidet, auf der eine Heerde von Kühen. Das jenseitige Ufer ist reich bewachsen mit hohen Bäumen und Buschwerk, zwischen denen vorne die ausgedehnten Gebäulichkeiten eines Gehöftes mit Scheunen etc. Unter hohem Baume, auf dem ein Taubenhaus, rasten drei Figuren, während eine vierte einen Korb aus einem Kahne holt.

Schönes klares Bild in grau-grünlichem Tone.

Holz. Höhe 42. Breite 65 Cent.

RYCK, CORNELIA DE.

Gattin des Malers van Goor; blühte um 1710 zu Amsterdam.

163. *Landschaft mit Geflügel.*

Vor hoher Gartenmauer sind bei Erdhügel und knorrigem Baume rechts ein Truthahn und eine Hühnerfamilie gruppirt. Links führt eine breite Steintreppe zu dem Gartenhause eines den ganzen Hintergrund einnehmenden Parkes, der zu einem Schlosse gehört, welches links zwischen hohen Bäumen sichtbar wird.

In abendlicher Stimmung poetisch aufgefasstes vortreffliches Werk der sehr selten vorkommenden Künstlerin von grossem kunsthistorischem Interesse.

Bezeichnet *Cornelia De Rijk*

Leinwand. Höhe 78, Breite 67 Cent.

SACHTLEVEN, CORNELIS,

geb. zu Rotterdam 1606, † daselbst 1681.

164. *Küchenstück.*

In einem scheunenartigen Raume stehen, theils dicht gedrängt, auf und um einen Tisch Geräthe und Gefässe der verschiedensten Art als: Bottiche, Eimer, Metallkannen, Töpfe, Tragbrett etc. etc. An der Kante links auf weissem Tuche eine Schale mit Eiern. Links sitzt als Wache der Küchenkater.

Feintöniges Werk des Meisters, fein in der Zeichnung und delicat in der Ausführung und Lichtwirkung. Sicher eines seiner besten Bilder. Auf der Tischkante die Signatur.

Holz. Höhe 29, Breite 36 Cent.

SALVI, GIOVANNI BATTISTA, gen. Sassoferrato,

geb. zu Sassoferrato 1605; † zu Rom 1685.

165. *Die hl. Maria Magdalena.*

Halbfigur der hl. Büsserin mit übergeworfenem rothen Mantel, der die Brust halb entblösst lässt. Das goldblonde Haar fällt in losen Locken über die entblössten Schultern herab. Den Blick nach oben richtend, betet sie mit gefalteten Händen vor einem Buche, das neben Todtenkopf und Salbbüchse vor ihr auf einem Tische liegt.

Das Bild zeichnet sich durch treffliche Modellirung und leuchtende Färbung aus.

Leinwand. Höhe 75, Breite 59 Cent.

SCHÄUFELEIN, HANS LEONHARD,

geb. zu Nürnberg vor 1490; † zu Nördlingen 1539 oder 1540.

166. *Maria mit dem Kinde und dem hl. Johannes.*

Im Vorgrunde einer reizvollen, sich nach links weit ausdehnenden Gebirgslandschaft, sitzt bei mächtiger Säule mit sculptirtem Renaissance-Fries Madonna, dargestellt bis zum Knie, fast ganz en face, in blauem Gewande und rothem

Mantel, das goldblonde Haar in langen Locken herabwallend. In der Rechten hält sie ein Buch, während sie mit der Linken das auf Leinentuch auf ihrem Schoosse sitzende Jesuskind umfasst, welches dem rechts stehenden Johannisknaben einen Apfel reicht.

Vortreffliches Bild, innig und seelenvoll in der Empfindung und Auffassung und sehr schön in Zeichnung und Colorit.

Bezeichnet

Holz. Höhe 87, Breite 61 Cent.

SCHEYTS, MATHIAS.

geb. um 1640 in Hamburg, † daselbst 1700.

167. Lagerscene.

Links ein Zeltlager, vor dessen vorderstem Zelte eine Gruppe von Officieren und Soldaten im Gespräch. Ein Karren mit der Fahne, Trommel und Waffen fährt nach links. Die Landschaft dehnt sich nach rechts zu einem weiten coupirten Terrain aus, von dessen fernstem Hintergrunde her mehrere Reiter auf das Lager zureiten.

Prächtiges Bild des seltenen Meisters in schöner breiter Behandlung und glänzendem Silberton. Die Autorschaft desselben rührt von Geheimrath Bode her, nachdem das Bild bisher als Jan le Ducq gegolten hatte.

Holz. Höhe 31, Breite 41 Cent.

SNYDERS, FRANS,

geboren zu Antwerpen 1579, † daselbst 1657

und

VOS, CORNELIS DE,

geb. zu Hulst um 1585 † zu Antwerpen 1651

168. Heimkehr aus Wald und Feld.

Im Vorgrunde einer weit ausgedehnten gebirgigen Landschaft geht in einem Zuge nach rechts, das goldne Zeitalter andeutend, eine Familie von vier Figuren, schwer beladen mit Feld- und Gartenfrüchten, Wild und Geflügel, gefolgt von ihren Jagdhunden. Die vorangehende Mutter trägt auf ihrem Kopfe einen hoch gefüllten Korb mit dem prächtigsten Obst, ein zweiter reich beladener Korb hängt an ihrem rechten Arme. Ihr folgt fröhlich, nach dem ein ausgeweidetes Reh auf den Schultern tragenden Vater blickend, eine jugendliche Knabenfigur. Derselbe trägt in beiden Händen einen Reiher, welcher auf dem am rechten Arme hängenden hochgefüllten Korbe ruht. Den Zug schliesst eine schöne jugendliche Frauengestalt, unter dem rechten Arme einen Schwan tragend, der sich gegen die Angriffe eines Hundes wehrt.

Capitalbild, grossartig in seiner Auffassung, hoch durchgeistigt in der Charakteristik der einzelnen Figuren, in seiner schwungvollen Zeichnung und seiner herrlichen Farbengebung sich zu einem grossartigen Gesammteindruck vereinigend.

Leinwand. Höhe 152, Breite 236 Cent.

SPANISCHER MEISTER.

169. Ueberfall eines Missionars.

An der Küste eines Meeres kniet, innig betend, ein Missionar vor einem Steinkreuze und wird von den Eingeborenen verhöhnt, die in einem Schiffe landeten.

In der Farbenstimmung hübsches, fein gezeichnetes Bild.

Leinwand. Höhe 52, Breite 61 Cent.

SPREEM, JACOB VAN,

Niederländischer Meister XVII. Jahrh. Lebensdaten unbekannt.

170. *Der Urinarzt.*

In seiner mit Geräthen aller Art, Büchern etc. dicht gefüllten Stube sitzt in einem Sessel der Arzt an seinem, mit grüner Decke belegten Tische, auf dem Bücher, Todtenkopf, Schriftstück, Globus etc. liegen, aufmerksam den Inhalt der Flasche betrachtend, die er in das helle vom Fenster einstrahlende Licht hält. Neben ihm steht eine Frau.

Gutes, breit behandeltes Bild des seltenen Meisters, als dessen Arbeit es von mehreren Autoritäten bestimmt wurde, während es bisher als Brekelencam galt, dessen Namensbezeichnung es auch trägt.

Holz. Höhe 41, Breite 36 Cent.

STEENWYCK, HENDRIK VAN, d. Ä.,

geb. um 1550 zu Steenwyck; † zu Frankfurt a. M. 1604.

171. *Architekturstück.*

Inneres einer mehrschiffigen gothischen Kirche mit eleganten Gewölben und zahlreichen Altären. An einem Seitenaltare rechts wird das hl. Messopfer gehalten, dem viele Andächtige beiwohnen. Im Vorgrunde links vornehmes Paar in Unterredung mit einem Mönch.

In vollem Tageslicht ungemein klar und transparent gehaltenes Bild.

Bezeichnet: 1573 HVS

Leinwand. Höhe 58, Breite 50 Cent.

STEEN, JAN,

geb. zu Leiden um 1626; † daselbst 1679.

172. *Die Benjaminiter rauben die Töchter Silo's.*

In einer baumreichen waldigen Landschaft spielen sich in einzelnen, theils freien Gruppen, die Scenen der Entführung ab, in denen sich das Widerstreben der hübschen Frauengestalten gegenüber der männlichen Gewalt, in höchst dramatischer Weise kundgiebt.

Vortreffliches Werk des Meisters, flott in der Zeichnung und vollendet in der Ausführung in derbem Humor. Das bedeutende Kunstwerk ist in verschiedenen Kunstschriften erwähnt und beschrieben in Smith's Catalogue IV. S. 66. No. 197 unter dem unrichtigen Titel: Raub der Sabinerinnen.

Bezeichnet: J Steen

Leinwand. Höhe 69, Breite 91 Cent.

STEEN, JAN (Richtung)

173. *Fischerfrauen am Strande.*

Auf einem Dünenhügel sitzen drei Frauen verschiedenen Alters, die eine einen Korb im Arme haltend; an eine andere schmiegt sich ein Kind an. Im Vorgrunde liegen zu beiden Seiten todte Fische; im Hintergrunde Blick auf die ruhige See mit mehreren Fischerbooten.

Interessantes, breit behandeltes Bild in schöner Farbenstimmung. Anscheinend ein Ausschnitt aus einem grösseren Bilde. Dem Jan Steen zugeschrieben, dürfte es jedoch von der Hand eines bis jetzt nicht mit Sicherheit zu bestimmenden Meisters aus der Richtung des Jan Steen sein.

Holz. Höhe 71, Breite 61 Cent.

STOOP, M.

Lebensdaten unbekannt. Bode holl. Malerei S. 162.

174. *Die Wachtstube.*

In weitem Raume mit hohem Thorbogen und hoher zum Ausgange führender Steintreppe sitzen Soldaten mit ihren Weibern in dichten Gruppen beim Kartenspiel. Als Hauptfigur links eine jugendliche Frauengestalt in weissem Kleide und rother mit weissem Pelze besetzter Jacke, Goldgeschmeide im Schoosse haltend. Im Vorgrunde rechts die Fahnen bei Trommel, Trompete und Armaturstücken neben geöffnetem grossen Koffer.

Abgerundete schöne Composition in klarer leuchtender Farbentönung mit hübschen Lichteffekten. Treffliches Werk, welches in der Esterhazy-Galerie, aus der es stammt, dem Verkolje beigelegt war. Ein Bild von ähnlicher, etwas abweichender Composition befindet sich im Vorrath des Berliner Museums. Die Bestimmung der Autorschaft rührt von Geheimrath Bode her.

Leinwand. Höhe 70, Breite 86 Cent.

STORCK, ABRAHAM.

geb. zu Amsterdam um 1650, † daselbst angeblich 1710

175. *Walfischfang.*

Ruhige See mit mehreren Dreimastern, von welchen dicht bemannte Boote ausgesetzt sind, deren Mannschaft auf den Walfischfang geht. Seitlich im Hintergrunde felsige Gestade.

Gutes Bild in heller Färbung.
Unten links bezeichnet: Storck.

Holz. Höhe 42, Breite 58 Cent.

STRAUCH, LORENZ.

geb. zu Nürnberg 1554; † daselbst 1630

176. *Weibliches Bildniss.*

Kniefigur einer jüngeren Dame, leicht nach rechts gewandt, geradeaus blickend. Sie trägt ein olivfarbiges Atlasgewand mit langer spitzenbesetzer schwarzer Jacke, mit Goldverschnürungen und breitem Spitzenkragen; Hals und Arme schmücken Goldketten.

Interessantes Costümbild von freundlichem Ausdruck und hübscher Modellirung.

Leinwand. Höhe 100, Breite 78 Cent.

TENIERS, DAVID, d. J.

geb. zu Antwerpen 1610, † zu Brüssel 1690

178. *Landschaft mit Schafheerde.*

Dorfstrasse, beiderseits mit Häusern. Im Vorgrunde lagert eine grosse Schafheerde; rechts sitzt sie beobachtend auf einer kleinen Anhöhe der Schäfer, im Begriffe die Flöte zu blasen. Etwas weiter zurück eine Gruppe von vier Bauern vor der Schenke, in deren Thüre die Wirthin erscheint.

Bedeutendes Bild des Meisters, hoch stimmungsvoll in goldig-braunem Ton. Dasselbe wurde auch früher für ein Werk des älteren Teniers angesehen, ist aber von Geheimrath Bode als ein Bild Teniers des Jüngern recognoscirt worden.

Bezeichnet: D. TENIERS

Leinwand. Höhe 42, Breite 31 Cent.

179. *Bauernpaar.*

Halbfigur eines Bauern in schwarzer Gewandung mit hohem Schlapphut, en face, mit schmerzverzerrtem Gesicht sich ein Pflaster von der Wunde an der rechten Hand abhebend. Rechts hinter ihm erscheint sein Weib in hellrother Jacke und weissem Kopftuch, eine Salbflasche in der Linken haltend.

Feines silbertöniges Bild des Meisters, welches die seelische Stimmung der beiden Figuren zu sprechendem Ausdruck bringt.

Prov.: Sammlung Burger, Paris.

Holz. Höhe 17½, Breite 12½ Cent.

180. *Landschaft.*

Vor einer Gruppe hoher Bäume ein Bauernhaus, in dessen Thüröffnung eine Frau erscheint, die nach einer im Mittelgrunde stehenden Gruppe von drei Bauern schaut. Rechts

an der Mauer ein vierter Bauer bei einem sich neigenden breiten Wege, der zu einer Ortschaft im Hintergrunde führt.

Treffliches Werk des Meisters, fein in der Zeichnung, von subtilster Ausführung bis in die kleinsten Details und von ungemein klarer Farbengebung in goldigem Tone.

Bezeichnet DT · f

Holz. Höhe 25, Breite 35 Cent.

181. *Der Tanz vor der Schenke.*

Links sitzen an besetztem Tische mehrere Paare; sie schauen, ebenso wie die rechts sitzenden Gruppen und die in der Thüre stehende Wirthin, dem flotten Tanze eines jugendlichen Paares zu, dem bellend ein Hund voran läuft. Rechts Fernsicht mit Blick auf die das umgebende Gebüsch überragende Kirche.

Ganz superbes Bild; in seiner reichen Composition von 26 Figuren voll Leben und Bewegung; in seinem trefflichen Farbenspiel ungemein wirkungsvoll.

Bezeichnet: D TENIERS FEC 1650

Holz. Höhe 54, Breite 71 Cent.

TERWESTEN, AUGUSTIN,

geb. im Haag 1640; † zu Berlin 1711

und

VERBRUGGHEN, KASPER PETER.

1635—1681.

182. *Flora mit Amoretten zwischen Blumen und Früchten.*

Portraitfigur einer jungen hübschen Dame in leichter Gewandung mit halb entblösstem Busen, in beiden Händen üppige Blumengewinde haltend, welche von zwei reizenden Knaben als Amoretten herbeigeschleppt werden. Rechts im Vorgrunde liegen prächtige Trauben und Pflaumen. Landschaftlicher Hintergrund mit Parkansicht.

Prachtvolles Decorationsbild. Die Figuren vortrefflich modellirt, das Beiwerk reich in der Anordnung und kraftvoll in der Farbe, breit behandelt. Das schöne Bild galt bisher für eine Arbeit von Mignard und Monnoyer, die jetzige Bestimmung der Autorschaft geschah durch Geheimrath Bode.

Leinwand. Höhe 132. Breite 152 Cent.

THIELEN, JAN PHILIPS VAN,

Schüler des D. Seghers, 1618–1667

und

QUELLINUS, ERASMUS,

geb. zu Antwerpen 1607, † daselbst 1678.

183. *Blumenkranz um ein Bildniss.*

Eine reich sculptirte Kartusche umzieht ein Kranz farbenprächtigster, geschmackvoll gewundener Garten- und Feldblumen, als Umrahmung eines männlichen Bildnisses in Dreiviertel-Wendung nach rechts, geradeaus blickend, in rothem schwarz besetzten Gewande, mit nach vorne weit herabfallendem Kragen.

Farbenprächtiges, schönes Bild, das Portrait von hoher Vollendung.

Leinwand. Höhe 98. Breite 78 Cent.

THIELEN, JAN PHILIPS VAN,

Schüler des D. Seghers, 1618–1667.

184. *Blumenstück.*

Auf dunklem Grunde hängt, von Atlasschleife gehalten, ein dichter Strauss von Gartenblumen der verschiedensten Art, belebt von einem Admiral und kleineren Insecten.

Gutes Bild in hübschem Farbenspiel.

Leinwand. Höhe 42. Breite 33 Cent.

TIEPOLO, GIOVANNI BATTISTA.

geb. in Venedig 1692 oder 1693, † zu Madrid 1769 oder 1770.

185. *Madonna von Heiligen verehrt.*

Zwischen dem hl. Joseph und dem kleinen Johannes mit Lamm sitzt Maria, den Jesusknaben auf dem Schoosse haltend, auf einem hohen Steinthrone mit reich gemustertem Baldachin. Vor ihnen an der Erde knieend der hl. Bernardinus und ein anderer Ordensbruder.

Geistreiche Skizze zu einem grossen Altarbilde, breit und flott in der Behandlung und von vortrefflichem Farbenaccord.

Leinwand. Höhe 70, Breite 54 Cent.

TILBORCH, GILLIS VAN.

Lebenszeit zwischen 1625–1678 angenommen.

186. *Familienbild in Landschaft.*

Hügelige baumreiche Landschaft, in der hinter einem Flusse auf einer Anhöhe die Gebäulichkeiten eines Schlosses. Im Vorgrunde gruppirt sich vor einem Waldeingange eine Familie. Rechts steht neben braun-weiss gefleckten Hunde der Mann in schwarzem Gewande mit Spitzenkragen und schwarzem Mantel. Neben ihm sitzt seine Frau, an die sich ein kleines Mädchen schmiegt. Nach links gruppiren sich Knabe als Jäger und Mädchen als Schäferin neben mehreren Schafen zu den Seiten der auf dem Boden sitzenden Amme, welche den jüngsten Sprössling auf dem Schoosse hält.

Hochinteressantes Bild, die Figuren sowie auch die Thiere vortrefflich und charakteristisch in Zeichnung und Colorit, den Arbeiten des Cuyp sehr nahekommend, für dessen Schöpfung das Bild auch früher galt, während die Bestimmung seiner jetzigen Autorschaft von Geheimrath Bode herrührt.

Leinwand. Höhe 81, Breite 111 Cent.

TISCHBEIN, JOHANN HEINRICH,

geb. zu Hayna 1722, † zu Cassel 1789

187. *Markgraf Friedrich von Bayreuth und seine Gemahlin Friederike Wilhelmine Sophie.*

Der Markgraf in Dreiviertel-Wendung nach rechts in gepuderter Allonge-Perrücke, reicher goldgestickter Weste, mit Chapeau, olivefarbigem Gewande und rothem Mantel. Die Markgräfin leicht nach links gewandt mit tief ausgeschnittenem, goldgestickten, spitzenbesetztem, weissen Atlaskleide und blauem rosa gefütterten Sammetmantel.

Feine Ausführung auf graulichem Grunde.

Kupfer. Höhe 25, Breite 21½ Cent. 2 Stück

TIZIAN, (TIZIANO VECELLIO),

geb. zu Pieve di Cadore 1477; † zu Venedig 1576

188. *Die hl. Agnes.*

Jugendliche Frauengestalt in Halbfigur im Profil nach rechts das rothe Haar mit Perlenschnüren durchflochten und den Kopf mit lieblichem Gesichtsausdruck leicht nach dem Beschauer gewandt. Sie legt die Rechte auf den Kopf eines Lammes, während sie in der Linken die auf der Schulter ruhende Siegespalme trägt. Landschaftlicher Hintergrund mit Gebirgspartie.

Hervorragendes Bild, ganz in des Meisters Malweise, in seinem herrlichen, warm durchleuchteten Colorit und in seiner Pinselführung.

Leinwand, Höhe 71, Breite 57 Cent.

TOORENVLIET, JACOB,

geb. zu Leiden um 1635 oder 1636 † daselbst 1719.

189. *Spiel und Musik.*

An einem Tische sitzen zwei Krieger, der vordere mit vergnügtem Gesichtsausdruck nach rückwärts blickend. Sie haben eben ihr Spiel mit Karten und Würfeln beendet und bläst der hinter dem Tische sitzende die Querpfeife.

Hübsches Bildchen, fein in der Färbung und Beleuchtung.

Holz. Höhe 28, Breite 26 Cent.

VADDER, LOUIS (LODEWYK) DE,

geb. zu Brüssel 1605, † daselbst 1655

190. *Waldlandschaft mit Diana und Actäon.*

Das Gelände steigt nach rechts und links hoch an zu Waldpartien mit dichtbelaubten Bäumen. Durch die sich ergebende Schlucht blickt man weit in eine von Gebirgskette abgeschlossene Fernsicht. Im Vorgrunde ein Wasser, in dem Diana mit ihren Nymphen badet, von dem auf der Höhe erscheinenden, von drei Hunden begleiteten Actäon überrascht. Rechts liegen bei knorrigem Stamme die Jagdgeräthschaften und die Jagdbeute.

Sonnig gestimmtes schönes Bild; die Staffage von Pieter van Avont.

Leinwand. Höhe 67, Breite 84 Cent.

VALCKENBORCH, LUCAS VON,

Maler von Mecheln. Geburtsjahr unbestimmt; † nach 1622.

191. *Vornehme Gesellschaft im Freien.*

Eine weite grasbedeckte Niederung, in der zerstreut liegende ländliche Gebäulichkeiten, die theilweise von hohen Bäumen beschattet sind. Rechtsseitig der Saum eines dichtbelaubten Waldes, bei dem ein vornehmes Paar, dem eine Alte wahrsagt, und abseits davon andere Paare und Einzelfiguren lustwandelnd. Links Reiter, Bettler und andere Staffage.

Vortrefflich aufgefasstes Bild, freundlich in der Farbengebung und von reicher ansprechender Staffage.

Leinwand. Höhe 92¼, Breite 115 Cent.

VALCKERT, WERNER VAN,

geb. zu Amsterdam 1580.

192. *Bildniss eines Rathsmitgliedes.*

Lebensgrosses Kniebild in Dreiviertel-Wendung nach rechts, geradeaus blickend, in reichem rothen Sessel, vor einem mit buntgemusterter Decke belegten Tische sitzend, auf dem Bücher, Urkunden, Schreibzeug und Petschaft liegen. Er trägt ein schwarzes Gewand mit breitem Steinkragen und hohen, breitkrämpigen Hut. In der auf der Sessellehne ruhenden Rechten hält er die Feder, während er mit der Linken eines der auf dem Tische liegenden Schriftstücke fasst. Graulicher Grund.

Die lebenswahre charakteristische Auffassung des Dargestellten, Haltung und Darstellung des Ganzen, sowie die bis in die kleinsten Details vorzügliche Ausführung, machen das Bild zu einem hervorragenden Meisterwerk. Oben rechts das Wappen und die Aufschrift: Aetat'. 58 ANNO MDCLI. Das bedeutende Bild galt früher als eine Arbeit Rembrandts. Die jetzige Bestimmung seiner Autorschaft rührt von Geheimrath Bode her.

Leinwand. Höhe 122, Breite 97 Cent.

VAROTARI, ALLESANDRO, gen. Il Padovanino,

geb. zu Padua 1590, † daselbst 1650.

193. *Weibliches Bildniss.*

Halbfigur einer hübschen jungen Dame im Profil nach rechts, den Kopf leicht nach dem Beschauer gewandt. Sie trägt ein goldgesticktes Gewand mit weissgesticktem Einsatz. Das goldblonde Haar liegt in einer dicken Flechte; in beiden Händen hält sie die Handschuhe. Graulicher Grund.

Angenehmes feines Portrait, hübsch in der Zeichnung und in seiner Malweise an die Werke des Tizian sich anlehnend.

Leinwand. Höhe 73, Breite 58 Cent. Geschnitzter Rahmen.

VELDE, ADRIAEN VAN DE,

geb. zu Amsterdam 1635 oder 1639; † daselbst 1672.

194. *Der Halt vor der Osteria.*

Vor einer Schenke rechts, an die sich eine Gartenmauer anschliesst, hinter der eine Baumgruppe erscheint, hat ein Hirt mit seiner Heerde von Kühen, Schafen und Ziegen Halt gemacht. Neben seinem reich gezäumten, stallenden Maulthiere stehend, trinkt er in langem Zuge aus einem Becher, den ihm ein vor ihm stehender Knabe gefüllt. In der offenen Thüre steht die Hirtin in Unterhaltung mit einigen Figuren. Rechts ein kleines Mädchen, eine Katze auf dem Arm haltend, welche ein Hund anbellt. Durch und unter einem Thorbogen her links kommt ein zweiter Hirt mit einer Heerde von Ziegen und Schafen, gefolgt von einem Paare. Der Weg führt an einer Anhöhe vorbei, auf dem eine grosse antike Ruine.

Fein und äusserst geistvoll komponirtes Bild, das die glänzenden Qualitäten dieses feinen Meisters zeigt, ebensowohl in der genialen und graziösen Anordnung des Ganzen als auch in der trefflichen Einzelausführung von Thieren, Menschen, den landschaftlichen und anderen Details und in der herrlichen ihm eigenen, äusserst reizvollen Farbengebung.

Rechts unten neben dem Weg bezeichnet A. v. velde 1665

Leinwand. Höhe 55, Breite 68 Cent.

VERBOOM, ADRIAEN HENDRIK.

geb. zu Amsterdam 1628, lebte noch 1670.

195. *Waldlandschaft.*

Ein breiter Weg, auf dem zwei Reiter, von beiden Seiten mit hohen Bäumen begrenzt, die von den letzten Strahlen der Sonne beleuchtet werden, führt zu dem dichten Buschwerk des Hintergrundes.

Schönes, in warmem Goldton vortrefflich ausgeführtes Bild. Unten rechts das Monogramm: D. V. B.

Holz. Höhe 85, Breite 60 Cent.

VERELST, PIETER.

nachweisbar zwischen 1643 (1648) und 1668

196. *Der Tanz in der Schenke.*

In einer Dorfschenke tanzt ein jugendliches Paar zu dem Spiele einer Bassgeige und eines Dudelsacks; einzelne Figuren schauen ihnen zu; im Hintergrunde sitzt eine Gruppe um einen Tisch.

Vortreffliches Bild, sehr gut im Tone und weich in der Pinselführung.

Holz. Höhe 41, Breite 57 Cm.

VERKOLJE, JOHANNES.

geb. zu Amsterdam 1650; † zu Delft 1693

197. *Portraitgruppe.*

In einer Säulenhalle sitzt vor reich drapirtem, theils zurückgezogenem rothen Vorhange eine junge Dame in weissem Atlasgewande, mit schwarzem Schultertuch und lichtem Kopfschleier. Sie greift mit der Linken nach den prächtigen Früchten, die auf einer silbergetriebenen Schüssel liegen, die der neben ihr im Hausgewande stehende Gemahl und ein als Page gekleideter Mohrenknabe halten. Rechts neben der Gruppe ein braun-weiss gefleckter Wachtelhund. Durch die Säulenöffnungen und über eine Balustrade hinweg, hat man einen Blick auf das Schloss und seinen Park.

Ganz hervorragende Qualität des Meisters in seltener Schönheit und Vollendung bis in die kleinsten Details; unbestritten zu seinen allerbesten Werken zählend. Prov. Sammlung Burger, Paris.

Bezeichnet J. V. fec

Leinwand. Höhe 88, Breite 70 Cm.

VERTANGHEN, VERTANGEN DANIEL,

geb. im Haag 1598, † zu Amsterdam angeblich 1657

198. *Diana und ihre Nymphen im Bade.*

Bei einer weiten Felsgrotte rechts zieht sich vor einer reich sculptirten Fontaine ein Wasser, an dessen Ufer links Diana mit ihren Nymphen lagert, während andere im Bade begriffen, rechts Actäon enteilend. Die Landschaft dehnt sich nach links zu einem ungemein weiten, hügeligen Gelände aus, welches sich im fernsten Hintergrunde zu einem Höhenzuge ausbildet.

Vortreffliches Werk des Meisters in der ihm eigenen feinen emailartigen Malerei.

Unten rechts die Bezeichnung: Daniel Vertangen. fecit

Leinwand. Höhe 73, Breite 95 Cent.

199. *Mythologische Landschaft.*

Bei einem Waldeingange rechts ruht vor einer reich sculptirten Fontaine Venus mit Amor, von zwei Satyren belauscht. Links im Vorgrunde Gruppe dreier Amoretten, mit Ziege spielend; hinter dem Laufbrunnen erscheint ein Bacchuszug. Die Landschaft breitet sich nach links weit aus und ist im fernen Hintergrunde von einem Gebirgszug abgeschlossen.

Fein durchgeführtes, vortreffliches Werk des Meisters in reizvoller Farbengebung.

Leinwand. Höhe 28, Breite 36 Cent.

VLIEGER, SIMON DE,

geb. zu Rotterdam um 1600, † zu Amsterdam um 1660

200. *Marine.*

Leicht bewegte See mit mehreren Dreimastern, theils mit vollgehissten Segeln, kleineren Booten etc. Auf einem Dünenhügel, links, ausschauend, eine Figurengruppe.

Gutes Bild in hübschem Silbertone.

Holz. Höhe 82, Breite 123 Cent.

VOS, PAUL DE,

geb. zu Hulst um 1500, † zu Antwerpen 1678.

201. *Sauhatz.*

Im Vorgrunde einer reichen gebirgigen Landschaft wird ein Eber von grossen Hunden gestellt. Zwei derselben liegen vor dem Verfolgten, stark verwundet, auf der Erde, während einer sich in den Rücken der Bestie festbeisst. Ein siebenter Hund stürzt in grimmiger Gebärde der Verfolgung eine Hügelanhöhe herab zu neuem Angriff, während ein anderer mit gespannten Muskeln sich von vorne her zum Angriff bereit stellt.

Superbes, grosses Bild von hochdramatischer Composition und packender Wirkung in den einzelnen Thierfiguren.

Leinwand. Höhe 175, Breite 258 Cent.

VRIENDT, FRANS DE, gen. Frans Floris,

geb. zu Antwerpen 1517 (18), † daselbst 1570.

202. *Loth und seine Töchter.*

In einer Felsgrotte sitzt der alte Loth, die eine seiner Töchter umarmend, die in der vorgestreckten Rechten eine Schale hält, welche die andere Tochter aus einem Kruge füllt. Im landschaftlichen Hintergrunde rechts das brennende Sodoma und Loth's Weib als Salzsäule.

Interessantes Bild, welches früher dem Hendrik Goltzius zugeschrieben war. Die jetzige Bestimmung der Autorschaft rührt von Geheimrath Bode her. Ein ähnliches Bild des Meisters befindet sich im Vorrath des Berliner Museums.

Holz. Höhe 79, Breite 107 Cent.

WATTEAU, ANTOINE ART.

203. *Maskengruppe.*

Im Vorgrunde eines Parks sitzt, die Guitarre spielend, eine junge Dame, umringt von Bajazzo, Pierrot und drei anderen Maskenfiguren.

Hübsche Composition, ganz in der Art des Meisters vortrefflich ausgeführt in Pastell-Malerei.

Höhe 26, Breite 20 Cent. In Rahmen Louis' XVI. unter Glas.

204. *Gesellschaft im Freien.*

Gruppe von fünf Figuren im Vorgrunde eines Parkes. Als Hauptfigur eine junge Dame in hellem Gewande und schwarzem Schleier. Links Cavalier, die Querpfeife spielend.

Gegenstück zum Vorigen. Gleiche Ausführung.

Gleiche Grösse.

WET, JAN DE,

Schüler Rembrandts, vergl. Woltmann und Wörmann III, 714.

205. *Landschaft mit Wassermühle.*

Im Vorgrunde links steht die hohe Mühle, deren Rad von einem schmalen Bache getrieben wird; längs dieses führt vom mittleren Vorgrunde ein breiter Weg nach rechts zu, hügelig ansteigend und mit einzelnen grösseren und kleineren Gebäulichkeiten.

Geistreiches, flott behandeltes Bild in rembrandtgoldigem Ton, der durch die Mitwirkung der bräunlichen Färbung des Holzes, wie auch so oft bei Rembrandt, eine eigenartige Transparenz erhält. Das aus der Sammlung Duc de Nemour stammende Bildchen galt dort als eine Rembrandtarbeit aus seiner Frühzeit. Die jetzige Bestimmung der Autorschaft rührt von Geheimrath Bode her.

Holz. Höhe 23, Breite 31 Cent.

206. *Der Brand von Troja.*

In hellen Flammen lodern die ausgedehnten Gebäude, während im Vorgrunde eingestürzte grosse Paläste. Links, der seinen Vater Anchises rettende Aeneas und in der Mitte, nahe der Stadtmauer, das hölzerne Pferd.

Interessantes Bild in dunklem rembrandtesken Tone vortrefflich behandelt. Das Bild, wurde von Dr. Bredius als ein Werk des J. de Wet erklärt.

Holz. Höhe 53 Breite 71 Cent.

WILDENS, JAN

geb. zu Antwerpen 1586; † daselbst 1653

und

BALEN, HENDRIK VAN,

geb. zu Antwerpen 1575, † daselbst 1632

207. *Das Urtheil des Paris.*

Waldlandschaft mit Gruppen hoher Bäume auf welligem Terrain und breitem Hohlwege rechts, in dem eine Schafheerde weidet. Im Vorgrunde sitzt am Fusse eines starken Baumes, neben seinem Hunde, Paris. Hinter dem Baume erscheint Mercur. Der jugendliche Hirt reicht der vor ihm stehenden, von Amor begleiteten Venus den Apfel, während Minerva sich bereits entfernt und June der Scene noch zuschaut.

Superbes Bild. Die Landschaft in grauem Tone fein ausgeführt. Die Figuren von hübscher delicater Behandlung und freundlichem Colorit.

Holz. Höhe 54 Breite 78 Cent.

WIT, JACOB DE.

geb. zu Amsterdam 1695, † daselbst 1754.

208. *Tritonen und Najaden.*

Dieselben fahren über die Wogen, theils auf Delphinen. In der Höhe die Winde über einer von Amoretten gehaltenen Guirlande.

Flott gezeichneter antikisirender Fries, in Grisaille ganz vortrefflich ausgeführt.

Leinwand auf Holz. Höhe 30, Breite 50 Cent.

WOUWERMAN, JAN.

geb. zu Haarlem 1629; † daselbst 1666.

209. *Dünenlandschaft.*

Links führt zu einer Hügelhöhe, an verfallenem Zaun und Leuchtstange vorbei, ein breiter Weg, auf dem ein mit Schimmel bespannter Karren und mehrere Figuren. Die nach rechts verlaufenden Dünen, auf deren Höhe viereckiger Thurm und mehrere Häuser liegen, zeigen eine zahlreiche, pikant gemalte Figurenstaffage, die sich meist nach dem im Hintergrunde erscheinenden, von zahlreichen Booten belebten Meere zu bewegt.

Fein gezeichnetes, in seinen Lichteffecten reizvolles Bildchen in wunderschönem Silberton.

Unten rechts eine restliche Signatur.

Holz. Höhe 12, Breite 50 Cent.

WOUWERMAN, PHILIPS.

geb. zu Haarlem 1619; † daselbst 1668.

210. *Aufbruch zur Falkenjagd.*

Auf leicht ansteigendem Hügel sind drei reich gekleidete Damen versammelt; eine sitzt bereits zu Pferde, während ein roth gekleideter Page einer anderen einen Falken bringt. Ein

Cavalier tränkt seinen Schecken. Im Vorgrunde rechts ist der Hundejunge mit der Meute beschäftigt. Zwei Reiter sind bereits aufgebrochen und verschwindet einer auf dem Schimmel hinter dem Hügel. Ihnen schauen drei Figuren auf einer Altane nach, deren Säulen mit Schlinggewächsen umrankt sind. Die Landschaft bildet nach links ein tiefes Thal, das auf der entgegengesetzten Seite von einem hohen Gebirgszuge geschlossen ist.

Vorzügliches Werk des Meisters von schöner Composition, dessen ganze Eleganz in Zeichnung und Färbung in hervorragender Weise in unserm Bilde vertreten ist.

Bezeichnet Ph W.

Leinwand. Höhe 66. Breite 83 Cent. Geschnitzter Goldrahmen.

WÜST, JOH. HEINRICH.

geb. zu Zürich 1741, † 1821.

211. *Landschaft.*

Weites hügeliges Gelände mit hohen Bäumen und dichtem Buschwerk bestanden. Im Vorgrunde, bei einem Brunnen, eine heimziehende Heerde; eine zweite Heerde lagert im Mittelgrunde an einem Hügelabhange.

Freundliches, in Silberton fleissig ausgeführtes Bildchen.
Unten rechts bezeichnet: Wüst pt.

Holz. Höhe 23. Breite 33 Cent.

WYCK, THOMAS.

geb. zu Beverwyck um 1616, † zu Haarlem 1677.

212. *Interieur.*

In weiter Bauernstube, auf deren Boden Kleidungsstücke, Geräthe und Gefässe umherliegen, sitzt links an ihrem dicht besetzten Arbeitstische eine Mutter, dem vor ihr knieenden Mädchen ein Häubchen aufsetzend; ein zweites Kind schaut zu. Die Gruppe ist von dem durch ein hochgelegenes Fenster einfallenden Lichte, in vollstem Gegensatze zu der dunklen Stube, malerisch beleuchtet.

Hervorragende Schöpfung des Meisters, zu seinen feinsten Arbeiten gehörend.

Bezeichnet OKwyck

Holz. Höhe 46, Breite 40 Cent.

213. *Die Gemüsehändlerin beim Brunnen.*

Vor einem Ziehbrunnen, bei dem eine Magd beschäftigt ist, sitzt, umgeben von Gemüsen und grosser Messingkanne, eine Landfrau im Gespräch mit einem vor ihr stehenden Manne, neben dem ein Hund liegt. Ueber einer hohen Gartenmauer werden die ausgedehnten Gebäulichkeiten eines Klosters sichtbar; rechts führt über hohe Steintreppe ein Thor ins Freie.

In glühendem Farbentone vorzüglich ausgeführtes Bild. Unten links mit dem vollen Namen und der Jahreszahl 1645 bezeichnet.

Holz. Höhe 42, Breite 36 Cent.

214. *Küstenlandschaft.*

Im Vorgrunde einer von Schiffen belebten, rechts von steilem, mit Citadelle bestandenem Gebirge begrenzten Meeresbucht gruppirt sich bei einem Treppenaufgange vor sculptirtem Laufbrunnen eine Anzahl von Figuren, dabei ein Armenier mit am Boden sitzender Frau und zwei Männern im Gespräche.

Sehr gutes Bild von reicher Composition, in den Lichteffecten der abendlichen Stimmung superb ausgeführt.

Unten in der Mitte bezeichnet.

Leinwand. Höhe 65, Breite 87 Cent.

WYNANTS, JAN.

wahrscheinlich geb. 1620 zu Haarlem, † 1660—167[illegible] in Amsterdam.

215. *Ideallandschaft.*

Vom Vorgrunde rechts führt an gewaltigem knorrigen Baum und hohen Distelstauden vorbei ein breiter Weg zu der von einem Höhenzug begrenzten Ferne. Derselbe steigt zu beiden Seiten leicht hügelig auf, mit hohen Bäumen und dichtem Baschwerk bestanden. Als Staffage bewegen sich auf demselben Frau mit Kind und Hund, Reiter und einige andere Figuren. Aus dem Gebüsch links naht eilenden Schrittes ein Bursche mit zwei Hunden. Abendliche Stimmung; die Sonne beleuchtet in ihren letzten Strahlen die linke Seite des Bildes.

Hervorragendes Werk des Meisters in Composition und Auffassung, hoch poetisch, ungemein warm im Ton mit silberigem Hintergrunde. Die vortrefflich gezeichnete Staffage von der Hand des J. Lingelbach.

Bezeichnet: *J. Wynants*

Leinwand. Höhe 105, Breite 98 Cent.

ZICK, JANUARIUS.

geb. zu München 1733 oder 1734, † zu Ehrenbreitstein 1797.

216. *Elieser und Rebecca.*

Elieser in rothem Gewande und hohem Turban bringt der am Brunnen beschäftigten Rebecca die Geschenke seines Herrn. Rechts ein phantastisch gekleideter Knabe, einen Esel am Zügel führend, der aus dem Bottich säuft, den Rebecca gefüllt. Rechts hinter der Gruppe ein Kameel.

Treffliches Bild, leicht im Vorwurf und vornehm in der Färbung.

Bezeichnet: *Joann: Zick inv: d pinx: 1754*

Leinwand. Höhe 40, Breite 53 Cent.

217. *Amor in Landschaft.*

Im Vorgrunde einer nach links sich weit ausdehnenden Flusslandschaft steht bei knorrigem Stamme, neben zarten Blumen, der kleine Amor, den Bogen in beiden Händen auf dem Rücken haltend, in aufmerksamer Beobachtung eines sich schnäbelnden Taubenpaares.

Anmuthvolles, fein gezeichnetes Bildchen in duftigster zartester Farbengebung. Unten links bezeichnet: Zick.

Holz. Höhe 24½, Breite 10½ Cent.